Hannah Arendt, Joachim Fest

Eichmann war von empörender Dummheit

PIPER

Zu diesem Buch

In Vorbereitung seines 1964 gesendeten Rundfunkinterviews über Hannah Arendts spektakulären Prozessbericht »Eichmann in Jerusalem« schickt Joachim Fest einen dicken Fragenkatalog an die Autorin. Natürlich spielt darin auch der Vorwurf vieler Kritiker eine Rolle, Arendt verharmlose Adolf Eichmanns Schuld auf unerträgliche Weise. Tatsächlich ist Arendts Formel von der »Banalität des Bösen« vielfach missverstanden worden. Die Antwort kommt postwendend: »Sehr geehrter Herr Dr. Fest, ich hatte niemals die Absicht, mich zu verteidigen.« Der Beginn der spannenden Auseinandersetzung über eines der wichtigsten Bücher zur deutschen Geschichte im 20. Jahrhundert.

Hannah Arendt, am 14. Oktober 1906 in Hannover geboren und am 4. Dezember 1975 in New York gestorben, studierte Philosophie, Theologie und Griechisch unter anderem bei Heidegger, Bultmann und Jaspers, bei dem sie 1928 promovierte. 1933 Emigration nach Paris, ab 1941 in New York. 1946 bis 1948 als Lektorin, danach als freie Schriftstellerin tätig. 1963 Professorin für Politische Theorie in Chicago, ab 1967 an der New School for Social Research in New York.

Joachim Fest, geboren 1926 in Berlin und 2006 in Kronberg im Taunus gestorben, war von 1973 bis 1993 als Herausgeber der »Frankfurter Allgemeinen Zeitung« tätig. Seine Hitler-Biografie wurde in mehr als 20 Sprachen übersetzt.

Die Herausgeber:
Ursula Ludz, geboren 1936, beschäftigt sich seit den 1980er Jahren als Herausgeberin und Übersetzerin mit dem Werk von Hannah Arendt.

Thomas Wild, geboren 1973, ist Autor der Biografie »Hannah Arendt. Leben, Werk, Wirkung« (2006) und Mitherausgeber des Briefwechsels Hannah Arendt-Uwe Johnson (2004).

Hannah Arendt, Joachim Fest

Eichmann war von empörender Dummheit

Gespräche und Briefe

Herausgegeben von Ursula Ludz und Thomas Wild

PIPER

Mehr über unsere Autorinnen, Autoren und Bücher:
www.piper.de

Von Hannah Arendt liegen bei Piper vor:
Über Palästina
Vorträge und Aufsätze 1930–1938
Macht und Gewalt
Vom Leben des Geistes
Briefe 1936–1968
Briefwechsel (mit Karl Jaspers)
Elemente und Ursprünge totaler Herrschaft
Eichmann in Jerusalem
Fragwürdige Traditionsbestände im politischen Denken der Gegenwart
Wir Juden
Der Liebesbegriff bei Augustin
Rahel Varnhagen
Denktagebuch
Vita activa oder Vom tätigen Leben
Über die Revolution
Im Vertrauen (mit Mary McCarthy)
Wie ich einmal ohne Dich leben soll, mag ich mir nicht vorstellen
Was heißt persönliche Verantwortung in einer Diktatur?
Schreib doch mal ›hard facts‹ über dich
Menschen in finsteren Zeiten
In der Gegenwart
Vor Antisemitismus ist man nur noch auf dem Monde sicher
Wahrheit und Lüge in der Politik
Das Urteilen
Eichmann war von empörender Dummheit (mit Joachim Fest)
Ich selbst, auch ich tanze
Wahrheit gibt es nur zu zweien
Briefe 1936–1986 (mit Heinrich Blücher)
Über das Böse
Denken ohne Geländer
Ich will verstehen
Was ist Politik?

Unser Versprechen für mehr Nachhaltigkeit
• Klimaneutrales Produkt
• FSC®-zertifiziertes Papier
• Hergestellt in Europa

FSC www.fsc.org MIX Papier | Fördert gute Waldnutzung FSC® C083411

Ungekürzte Taschenbuchausgabe
ISBN 978-3-492-30411-5
1. Auflage Oktober 2013
3. Auflage August 2024

Umschlaggestaltung: www.buero-jorge-schmidt.de
Umschlagabbildung: Corbis *(Hannah Arendt)* Picture Alliance *(Joachim Fest)*
Satz: Fotosatz Amann, Memmingen
Gesetzt aus der Stempel Garamond
Druck und Bindung: CPI books GmbH, Leck
Printed in the EU

Inhalt

Einleitung

»Das war die Dummheit, die so empörend war. Und das habe ich eigentlich gemeint mit der Banalität«, erklärt Hannah Arendt im Gespräch mit Joachim Fest. Ihr Bericht von der Banalität des Bösen[1] über den Jerusalemer Prozess gegen Adolf Eichmann, der als Leiter des »Judenreferats« im Reichssicherheitshauptamt für die Deportation von Millionen Menschen in die NS-Vernichtungslager verantwortlich war, hatte gleich nach Erscheinen eine erbitterte internationale Kontroverse ausgelöst. Wie konnte das »Böse« im Zusammenhang eines derartigen Verbrechens und Täters »banal« genannt werden? Arendt antwortet im Gespräch mit Fest, indem sie eine Geschichte aus Ernst Jüngers Tagebuch *Strahlungen* erzählt: »Fahrt zum Friseur. Dort Unterhaltung über die russischen Gefangenen, die man aus den Lagern zur Arbeit schickt. ›Da sollen böse Brüder drunter sein. Die fressen den Hunden das Futter weg.‹« Dass diese Menschen faktisch am Verhungern waren, war dem Friseur nicht in den Sinn gekommen. »Diese Dummheit«, so Arendt, »hat etwas wirklich Empörendes.« Eichmann sei in gewisser Hinsicht »intelligent« gewesen, »aber diese Dummheit hatte er. [...] Da ist keine Tiefe – das ist nicht dämonisch! Das ist einfach der Unwille, sich je vorzustellen, was eigentlich mit dem anderen ist.«[2]

Joachim Fest stellte für Arendt einen besonders geeigneten Gesprächspartner dar, um diese kontroversen Fragen zu diskutieren. Sein Buch *Das Gesicht des Dritten Reiches*, wie das englische Original von Arendts *Eichmann in Jerusalem* 1963 erschienen, porträtierte erstmals die Führungsriege des NS-Regimes von Hitler über Himmler und Göring, von Ribbentrop und Heß bis Heydrich und Schirach. Die Geschichte jener Epoche mit Blick auf die politischen Führer zu schreiben, resümiert Fest im Schlusskapitel seines Buches, sei »nicht, wie man oft gemeint hat, eine Aufgabe der Dämonologie«. Vielmehr sei man mit dem Problem konfrontiert, wie »so viel Unvermögen, so viel Durchschnittlichkeit und charakterliche Nichtigkeit« mit den ungeheuren Verbrechen, die hiervon ausgingen, in einen begreifbaren Zusammenhang zu bringen sind.[3]

Arendt und Fest debattieren jene Fragen nicht nur im Rahmen der Radiosendung, die der Südwestdeutsche Rundfunk am 9. November 1964 ausstrahlte und die hier erstmals in Buchform dokumentiert wird,[4] sondern auch in bisher unbekannten Briefen, die beide Autoren zwischen 1964 und 1973 miteinander wechseln. Die Briefe begleiten die Jahre von Fests Zusammenarbeit als »vernehmender Lektor« mit Albert Speer[5], Hitlers vertrautem Architekten und späteren Rüstungsminister, aus der Speers *Erinnerungen* (1969) hervorgehen, sowie die Zeit, in der Fests Hitler-Biografie (1973) entsteht. Für Hannah

Arendt markieren die Jahre nach dem Erscheinen von *Eichmann in Jerusalem* ebenfalls einen Wendepunkt: International angefeindet, steht sie im Mittelpunkt einer Kontroverse um die Darstellung und Bewertung der Verbrechen des NS-Regimes, in der selbst enge Weggefährten und Freunde sich von ihr abwenden. Sie wird dies zum Anlass nehmen, nicht nur über »Wahrheit und Politik« nachzudenken, sondern sich intensiv den Tätigkeiten des Denkens und Urteilens zuzuwenden. Ihre philosophische Hinterlassenschaft *The Life of the Mind*, an der sie während der Korrespondenz mit Fest zu arbeiten beginnt, nimmt die beunruhigende Frage aus der Konfrontation mit Eichmann wieder auf: Kann das Denken davor bewahren, Böses zu tun?[6]

*

Der international gesuchte NS-Verbrecher Adolf Eichmann wurde im Frühjahr 1960 in Argentinien vom israelischen Geheimdienst aufgespürt und nach Israel entführt. Zwischen April und Dezember 1961 stand der ehemalige SS-Obersturmbannführer, der die Wannsee-Konferenz mit vorbereitete sowie das Protokoll verfasste, in Jerusalem vor Gericht. Am Ende des Verfahrens wurde Eichmann zum Tode verurteilt und – nach erfolgloser Berufung sowie Ablehnung seines Gnadengesuchs – am 31. Mai 1962 hingerichtet. Hannah Arendt beobachtete das Verfahren als Berichterstatterin für die Zeitschrift *The New Yorker*. »An diesem Prozeß teilzunehmen ist irgendwie, so meine ich, eine Verpflichtung, die ich meiner Vergangenheit gegenüber habe«, schrieb sie vor ihrer Abreise zum Prozess nach Jerusalem.[7]

Die Jüdin Hannah Arendt hatte 1933 vor den Nazis fliehen müssen, zunächst nach Paris und 1941 weiter nach New York. Ihr Werk *Elemente und Ursprünge totaler Herrschaft*, 1955 auf Deutsch und vier Jahre früher auf Englisch erschienen, war eines der ersten Bücher, die den Epochenbruch jener Zeit reflektierten. Nach dem Krieg reiste Arendt häufig nach Europa und Deutschland, erstmals 1949/50 im Auftrag der *Jewish Cultural Reconstruction*, um geraubte jüdische Kulturgüter aufzufinden und sicherzustellen.[8] Ihr Lebensort blieb das Exil, 1951 wurde sie amerikanische Staatsbürgerin. Ihr politisch-theoretisches Denken aber war, neben Krisenerscheinungen der amerikanischen Republik, weiterhin der Vergangenheit und den Nachwirkungen des NS-Regimes verpflichtet. Sie bedauerte, »die Nürnberger Prozesse verpaßt« und »diese Leute nie leibhaftig« gesehen zu haben – das Verfahren gegen Eichmann bot ihr dazu, wie sie schrieb, »wahrscheinlich meine letzte Chance«.[9]

Die Erfahrung »leibhaftiger« Anschauung ist Arendt eine Voraussetzung des Denkens und Urteilens. Die beunruhigende Formulierung von der »Banalität des Bösen« gewinnt sie in einem Verfahren, staunend »dabei« zu sein, Worte zu suchen, den Eindrücken nachzudenken – in einem offen bleibenden, beweglichen Prozess. Sie ist nicht der Ableitung aus einer Theorie geschuldet oder gar als Mitteilung eines Ergebnisses anzusehen. Dieses Vorgehen hat nicht zuletzt damit zu tun, dass in Gestalt von Eichmann ein Verbrechen zur Anklage stand, vor dem überlieferte Kategorien wie »Mord« oder überzeugend »motivierte Täterschaft« versagten.

Nach Arendts Ansicht stand in Jerusalem ein Angeklagter vor Gericht, an dessen Schuld kein Zweifel bestand. Die Schwierigkeit für die Richter war, »Recht zu sprechen und der Gerechtigkeit Genüge zu tun«.[10] Dies hatte vor dem Hintergrund der Schoah zu geschehen, dem »Verwaltungsmassenmord«, für den es in der Geschichte keine Vorläufer gab. Im Unterschied zu anderen Genoziden wurden hier ganze Völker und Menschengruppen vernichtet, ohne dass es eine »zweckmäßige« Begründung gab: Juden, Polen, Sinti und Roma, Homosexuelle, körperlich Behinderte oder geistig Kranke wurden nicht etwa deshalb vertrieben und massenhaft umgebracht, weil es militärisch wichtige Regionen zu besetzen oder gefährliche Regimegegner auszuschalten galt. Ihr Tod war vollkommen »sinnlos«. Ihnen wurde das Daseinsrecht als Mitglieder der Menschengemeinschaft ausgeschlagen. Aus diesem Grund spricht Arendt von beispiellosen »Verbrechen gegen die Menschheit«, indem sie sich auf den Begriff »crimes against humanity«, wie ihn die Nürnberger Prozesse geprägt hatten, beruft. Die deutsche Übersetzung als »Verbrechen gegen die Menschlichkeit« hält sie für eine unzulässige Verharmlosung, »als hätten es die Nazis lediglich an ›Menschlichkeit‹ fehlen lassen, als sie Millionen in die Gaskammern schickten«[11]. Seit den Nürnberger Prozessen von 1945/46 befasste sich in Jerusalem nun erstmals wieder ein Gericht mit einem Hauptverantwortlichen dieser Verbrechen.

Eichmann erklärte dem Jerusalemer Gericht, er habe sich mit der Geschichte des Zionismus beschäftigt und bei der Organisation der »Ausreise [sic] vieler Juden« mit

Vertretern von deren Organisationen am selben »Strang gezogen«[12]. Sich vor Gott schuldig zu fühlen, zog er in seinen Aussagen in Erwägung, nicht aber vor dem Gesetz: Er habe lediglich getreu seinem Amtseid gehandelt, als kleines Rädchen im großen Getriebe, dessen Mahlwerk auch ohne ihn funktioniert hätte. Arendt nimmt Eichmanns Selbsteinschätzung insofern ernst, als sie sein Tun nicht als das Handeln eines Judenhassers oder ideologischen Fanatikers bewertet. »Tatsache war ja, daß er ›normal‹ und keine Ausnahme war«, so Arendt, »unter den Umständen des Dritten Reiches.«[13] Umstände, unter denen Adolf Hitler das Gesetz »Du sollst töten!« erlassen hatte. Eichmanns Gerede vom Handeln auf höheren Befehl indes enthüllt Arendt als simple Ausflucht vor der Verantwortung. Der »leibhaftige« Angeklagte in Jerusalem, so zeigten die Indizien inklusive seiner Aussagen, hatte bis hin zu konkreten Tötungsmechanismen in den Lagern »mit eigenen Augen gerade genug gesehen, um genau Bescheid zu wissen, wie die Vernichtungsmaschinerie funktionierte«[14]. Warum befolgte er dennoch die offensichtlich verbrecherischen Befehle seiner Vorgesetzten?

Statt Eichmanns Verhalten mit Geltungsbedürfnis, Triebhaftigkeit, Gruppendynamik oder anderen (sozial-)psychologischen Theoremen zu erklären oder wegzuerklären, lenkt Arendt das Augenmerk auf ein grundsätzliches und politisches Problem: das Funktionieren der menschlichen Urteilskraft. Eichmann habe sich gegen die Wirklichkeit abgedichtet, indem er für jede Erfahrung ein Klischee oder eine Sprachschablone bereithielt: »Amtssprache ist meine einzige Sprache.« In dieser Unfähigkeit sich auszudrücken erkennt Arendt eine Unfähigkeit zu denken und zu urteilen: Eichmann war nicht in der Lage, eine Angelegenheit von verschiedenen Gesichtspunkten aus zu betrachten, sich die Konsequenzen seines Tuns vorzustellen, die Wahrnehmung von Wirklichkeit auf diese Weise rückwirken zu lassen und zu einem unabhängigen Urteil zu kommen. Dass die schiere »Realitätsferne und Gedankenlosigkeit in einem mehr Unheil anrichten können als alle die dem Menschen vielleicht innewohnenden bösen Triebe zusammengenommen«, betrachtete Arendt als die wichtigste Lektion aus dem Prozess.[15] In jener abgrundtiefen Oberflächlichkeit Adolf Eichmanns – er sei kein »Ungeheuer«, sondern eher ein »Hanswurst«[16] – manifestierte sich für Arendt etwas, das sie in die Formulierung »Banalität des Bösen« brachte.

Zeigte sich hier ein neuer Tätertyp? Eine Kombination aus Wirklichkeitsverweigerung, Erfahrungsverlust, Pflichttreue und Verantwortungslosigkeit, die auch ein Paradigma der Moderne bildet? In welchem Verhältnis stehen in dieser Hinsicht Eichmann, Hitler, Speer? Hannah Arendt und Joachim Fest werden diese Fragen in ihren Gesprächen und Briefen diskutieren.

*

Den Anlass für die Gespräche liefert Hannah Arendts Prozessbericht. Um *Eichmann in Jerusalem* fertigzustellen, hat sie sich viel Zeit genommen bzw. nehmen müssen. Zwei Schicksalsschläge haben sie nach dem Beginn der Arbeiten zurückgeworfen: eine ernste Erkrankung ihres Mannes Heinrich Blücher und ihr Unfall in einem Taxi im Central Park (am 19. März 1962), dessentwegen sie längere Zeit im Krankenhaus verbringen muss. Dann wartet sie auf das Urteil, das am 29. Mai 1962 ergeht und kurz darauf vollstreckt wird. »Ich bin froh, dass sie Eichmann gehängt haben«, schreibt sie an Mary McCarthy: »Nicht dass es etwas ausmachen würde. Aber sie hätten sich, nach meinem Gefühl, völlig lächerlich gemacht, wenn sie die Sache nicht zum einzig logischen Abschluss gebracht hätten.«[17] Der Freundin berichtet sie regelmäßig vom Fortgang der Arbeit: »Ich bin mitten im Eichmann und ziemlich verzweifelt, weil ich es nicht so kurz machen kann, wie ich wollte.« Der Umgang mit Tatsachen und konkreten Dingen aber mache Spaß; ihr Zimmer sehe aus »wie ein Schlachtfeld, mit den Papieren und den kopierten Seiten des Prozessmaterials, die überall verstreut sind«; dann schließlich, der Eichmann-Artikel sei ein »Buch« (von 312 Seiten in der ersten englischen Ausgabe) geworden, der *New Yorker* habe es angenommen.[18] Es folgen Monate, in denen sich das Manuskript den die Tatsachen und den Sprachstil prüfenden Blicken der Mitarbeiter des *New Yorker* zu stellen hat. Gleichzeitig wird die Buchausgabe vorbereitet. Die Phase des Korrigierens dauert bis zur letzten Minute, bevor am 16. Februar 1963 die erste der fünf Folgen von »Eichmann in Jerusalem« erscheint. Als begeisterte Leserin meldet Mary McCarthy aus Paris zu den »Eichmann pieces«: »This is a real victory of spirit over matter, an exemplary victory, and I think it's a splendid thing that they're published in a popular magazine. [...] As a fellow-contributor, I can assure you that you've not been in any way New Yorkerized. This is quite an accomplishment.«[19] Als McCarthy ihren Brief schreibt, ist Hannah Arendt bereits in Europa. Sie hatte am 19. Februar New York verlassen, vier Tage später in Basel an den Feiern zu Karl Jaspers' 80. Geburtstag teilgenommen und war dann nach Deutschland weitergereist. Ende März bricht sie zusammen mit ihrem Mann zu einer langen Urlaubsreise nach Griechenland und Italien auf (mit Abstecher nach Israel). Erst Anfang Juli kehren beide per Schiff nach New York zurück. Was sich dort während ihrer Abwesenheit abgespielt hatte, holt sie nun unaufhaltsam ein: »Die ganze Wohnung [war] buchstäblich voll mit ungeöffneter und nicht nachgeschickter Post.«[20] Was war geschehen?

Arendts Prozessreportage löste, wie Fest rückblickend feststellt, »den zweifellos größten Skandal« aus, den »ein Buch in Jahrzehnten hervorgerufen hat«.[21] Kaum ist die fünfte und letzte Folge von »Eichmann in Jerusalem« im *New Yorker* vom 16. März 1963 erschienen, beginnt die »Kontroverse« oder auch »Arendt-Kontroverse«[22]. Den ersten Vorstoß unternimmt der Council of Jews from Germany, der am 22. März die in deutscher Sprache verfasste Erklärung »Die Reaktion der Juden auf die Verfolgungen der Nazizeit« veröffentlicht.[23] Der Council, 1945 als Zusammenschluss der aus Deutschland ausgewanderten Juden gegründet, war von Anfang an eine in Israel und den USA einflussreiche Gruppe. In seiner Erklärung wendet er sich mit Nachdruck gegen das »verfälschte Geschichtsbild«, wie es Arendts »Eichmann in Jerusalem« (damals noch nicht als Buch auf dem Markt) und Raul Hilbergs *The Destruction of the European Jews*[24] zeichnen: Über jenes »furchtbare Kapitel« – die Lage der

Juden und insbesondere der Judenräte unter der Naziherrschaft – »moralisch zu urteilen, steht denen nicht zu, die nicht dabei gewesen sind«. Der Council bereite seinerseits eine Reihe von Veröffentlichungen vor, die zeigen werden, »wie die deutschen Juden sich in äußerster Anspannung aller moralischen und materiellen Kräfte zu gegenseitiger Hilfe organisiert und wie sie unter schwierigsten Umständen Selbstbesinnung und Selbstachtung aufrecht erhalten haben«.[25] Damit ist ein Grundthema der Kontroverse formuliert: Es geht um nichts Geringeres als »Um Ehre und Rettung«[26]. Man wolle »der Kontroverse um die Haltung der Juden die Richtung dadurch weisen«, so Siegfried Moses, der Präsident des Council, »dass sie jene sachlich und menschlich nicht verantwortbaren Publikationen« – wie vor allem die von Hannah Arendt – »analysiert«. Dies geschieht zunächst im Mitteilungsblatt des Council, kurz darauf werden die entsprechenden »Analysen« in einer Broschüre gesammelt veröffentlicht.[27]

Parallel dazu wird Hannah Arendt ab Ende März in der New Yorker deutsch-jüdischen Wochenzeitung *Aufbau* scharf angegriffen.[28] Mehr als zehn Einzelbeiträge erscheinen in den nächsten acht Wochen, dazu unzählige Leserbriefe. In der Ausgabe vom 29. März 1963, die den Auftakt hierzu macht, titelt die Redaktion »Der Sturm um Hannah Arendts ›Eichmann‹« und bringt als Erstes die Erklärung des Council of Jews from Germany, diesmal in englischer Sprache. Zwei Themen werden in den Vordergrund gerückt: die Frage des jüdischen Widerstands und des Verhaltens der Judenräte während der Nazizeit sowie die Ehrenrettung von Leo Baeck (»So war Rabbiner Leo Baeck«). Obwohl Arendt in den Jahren 1941 bis 1945 regelmäßig Artikel im *Aufbau* geschrieben hatte, verweigert man ihr die Möglichkeit einer Stellungnahme.[29] Erst im Dezember 1963 druckt man auszugsweise ihre Antwort auf einen Brief Gershom Scholems ab, die zuvor zusammen mit Scholems Brief in der *Neuen Zürcher Zeitung* erschienen war.[30] In dieselbe Nummer wird außerdem »eine in dieser Form bisher im ›Aufbau‹ nicht vertretene Stellungnahme« – eine Richtigstellung im Sinne von Arendt – aufgenommen.

»Was hat Hannah Arendt eigentlich gesagt?«, fragt Joseph Maier, einstiger Kollege beim *Aufbau*, der schon in den 1920er-Jahren aus Deutschland nach Amerika kam und als vernehmender Offizier der US Army bei den Nürnberger Kriegsverbrecherprozessen eingesetzt war. In seinem angesichts des hitzigen Tons der Kontroverse ungewöhnlich sachlichen Beitrag stellt Maier klar: »Das Buch von Hannah Arendt [...] ist in der Hauptsache ein auf den Prozessakten und den Polizeiverhören basierender Bericht über Eichmann. Es berührt nichts, was nicht im Prozess selbst vorkommt. Es ist kein Buch über die Juden und die jüdische Geschichte. In seinem Mittelpunkt steht, wer hingehört: Adolf Eichmann. Vielleicht war es vorauszusehen, dass es mit seiner These von der Banalität des Bösen von vielen missverstanden und falsch gedeutet werden würde. Die Behauptungen aber, dass es sich hier um eine pauschale Verwerfung des Prozesses, eine selbstbewußte, herzlose, taktlose, seelenlose Anklage gegen die Opfer und weiss der Himmel was noch handle, sind offensichtlich böswillige Unterstellungen.« Dann wendet sich Maier dem Prozessgeschehen als solchem zu und schreibt: »Den Prozess vornehmlich als politische, nicht als juristische Aktion zu führen«, war zwar die Absicht des Premierministers David Ben Gurion und des Staatsanwalts Gideon Hausner, aber dem vorsitzenden Richter Moshe Landau »sei es gelungen, ihn in eine juristische Aktion zu wenden. Hannah Arendt lässt keinen Zweifel daran, dass in Jerusalem Recht gesprochen wurde.«

»Warum ist das Establishment nun so aufgebracht?«, fragt Maier weiter. Hannah Arendt in ihrer »völligen Unabhängigkeit« habe es gewagt, in ihrem Bericht über das Verhalten von Personen und Völkern »nebenbei etwas zu erwähnen, was lieber verdrängt, vergessen oder im Auftrag und mit Billigung des Establishments umzuschreiben wäre«. Die Frage nach dem Verhalten der Opfer innerhalb des »monströsen Mordplans«, genauer gesagt der Judenräte in der Zeit der »Endlösung«, sei es, die das Establishment so empört habe. Es beharre auf einer einzigen Version: »Alle Opfer, die Judenräte eingeschlossen, standen im Zeichen des kiddusch haschem (Heiligung des Namens)«, »als chillul haschem (Entweihung des Namens) und Vorwurf« empfinde es, »was in Wahrheit nur Bericht ist«. Und so lautet Maiers Fazit: »Auch bei uns gibt es ein Stück ›unbewältigter Vergangenheit‹, das noch zu bewältigen ist.«[31]

Während die vom Council initiierten Auseinandersetzungen in deutscher Sprache in vollem Gange sind, setzt eine erkennbar neue Phase der Kontroverse in englischer Sprache ein, als der amerikanische Richter Michael Musmanno am 19. Mai 1963 seine Besprechung von Arendts Buch in der *New York Times Book Review* veröffentlicht.[32] Musmanno ist Nichtjude, aber insofern auch persönlich betroffen, als er, ehemals Richter bei den Nürnberger Prozessen, als Zeuge im Eichmann-Prozess ausgesagt hatte. Hannah Arendt bescheinigt ihm in ihrem Buch schlicht die Unkenntnis der Herrschaftsmechanismen des Naziregimes, die für seine – der Jerusalemer Staatsanwaltschaft willkommene – Überschätzung von Eichmanns Rolle im System verantwortlich sei.[33] Im Unterschied zum *Aufbau* bittet die Redaktion der *New York Times Book Review* Hannah Arendt um eine Stellungnahme. Arendt schickt ein handschriftliches »statement« aus Rom, in dem sie den Redakteuren mitteilt, dass Musmanno ein Buch kritisiert habe, »which, to my knowledge, was never written or published«. Mit Beispielen belegt sie ihren Vorwurf, die Redaktion habe einen voreingenommenen und inkompetenten Rezensenten beauftragt.[34] Musmanno antwortet öffentlich und verfolgt seine Kritik in Briefen und Telefonaten an die Adresse von William Shawn, dem Herausgeber von *The New Yorker*, sowie den Verleger Denver Lindley (The Viking Press) weiter.[35]

Musmannos Besprechung in der *New York Times* hatte eine enorme Wirkung. Die Kontroverse wird nun auch zur Angelegenheit der New Yorker Intellektuellen. Viele Monate sind Arendt und Eichmann Thema der »dinner talks«, bei denen heftig gestritten wird.[36] Kenner und Beteiligte der Szene finden für das, was sich abspielt, starke Worte: »Bürgerkrieg« (Irving Howe), »Pogrom« (Mary McCarthy), die Spaltung geht »quer durch die Familien«, berichtet Arendt an Jaspers[37]. Retrospektiv stellt der Zeithistoriker Anson Rabinbach fest, dass Arendts

Buch eine Provokation darstellen »mußte«: Die Eichmann-Kontroverse habe »über tausend Publikationen hervorgebracht«. Dieser »bitterste öffentliche Disput [...], der jemals über den Holocaust geführt wurde«, werde bei den NewYorker Intellektuellen zum »Wendepunkt in der Weise, wie über das Gedächtnis des Holocaust öffentlich diskutiert wurde«.[38] Auch hier gibt es, wie Rabinbach darlegt, eine Vergangenheit, deren Aufarbeitung bedacht oder unbedacht versäumt worden war.

In der Bundesrepublik erreicht die Kontroverse 1964 mit einem Artikel von Golo Mann, den *Die neue Rundschau* sowie auszugsweise *Die Zeit* abdruckt, eine breite Öffentlichkeit.[39] Golo Mann beendet seine Ausführungen, die später in dem Band *Die Kontroverse* aufgenommen und im Anhang der vorliegenden Edition abgedruckt sind, mit zwei Einwänden gegen Arendt und ihr Buch: »daß es in seiner überklugen Dialektik eine Nacht macht, in der alle Katzen grau sind; in der die Guten nicht gut sind und die Schlechten nicht schlecht, die Guten nichts besser machen konnten, die Schlechten kaum etwas schlechter; daß die Autorin verdreht, was sie mit einem Schein von Richtigkeit verdrehen kann aus Freude an der Verdrehung, und mit ihrer Klugheit über allem sein will und nirgends ist. Was hilft uns Klugheit, wenn sie mit zwei stärkeren Kräften, Originalitätssucht und Arroganz, so unzertrennlich zusammengeschirrt bleibt?«[40] Mit solcher Attacke auf Person und Werk erteilt Mann einer mit Argumenten geführten Debatte eine deutliche Absage. Zudem stellt er sich an die Spitze derjenigen, die das Erscheinen von Arendts Buch in deutscher Sprache verhindern wollen.[41]

Zwischen der Veröffentlichung von »Eichmann in Jerusalem« und Arendts Treffen mit Joachim Fest liegen eineinhalb Jahre. Die Arbeiten an der deutschen Übersetzung sind zu jener Zeit bereits in vollem Gang, und die Veröffentlichung in einer nicht zuletzt durch *Die Kontroverse* aufgeheizten Öffentlichkeit wird vom Piper Verlag sorgfältig vorbereitet.[42] Arendts Leben war in dieser Zeit von der Kontroverse bestimmt. Sie hat auf verschiedene Weise – privat und öffentlich – reagiert. Anfangs noch bereit, sich öffentlich zu äußern[43], erkennt sie bald, dass die Debatte in den USA und in Israel eine Form angenommen hat, in der es nicht mehr um Meinungs- und Gedankenaustausch geht. An die Freundin Mary McCarthy schreibt sie im Oktober 1963: »Ich bin der Überzeugung, dass ich einzelnen Kritikern nicht antworten sollte. Wahrscheinlich werde ich schließlich etwas schreiben, keine Antwort, aber eine Art Einschätzung dieser ganzen merkwürdigen Angelegenheit. Das, meine ich, sollte erst dann passieren, wenn die Aufregung sich gelegt hat [...] Ich beabsichtige auch einen Essay über ›Truth and Politics‹ zu schreiben, der eine implizite Antwort sein würde. Wenn Du hier wärst, würdest Du verstehen, dass diese ganze Angelegenheit, von ein paar Ausnahmen abgesehen, absolut nichts mit Kritik oder Polemik im üblichen Sinne des Wortes zu tun hat. Es ist eine politische Kampagne, geführt und in allen Einzelheiten geleitet von Interessengruppen und Regierungsstellen. [...] Die Kritik richtet sich gegen ein ›image‹, und dieses Image ist an die Stelle des Buches getreten, das ich geschrieben habe.«[44] So sieht Arendt vorerst von weiteren öffentlichen Stellungnahmen ab,[45] bis sie das Vorwort zur deutschen

Ausgabe ihres Buches im August 1964 zum Anlass nimmt, ihre Sicht darzulegen.[46]

Unabhängig davon steckt Hannah Arendt viel Zeit und Energie in Vorträge vor und Diskussionen mit amerikanischen Studenten.[47] In einem Brief an Karl Jaspers berichtet sie von einer Veranstaltung der Columbia University am 23. Juli 1963, zu der sie der Rabbiner der Universität eingeladen hatte: »Der Saal für dreihundert enthielt fünfhundert, und über fünfhundert wurden von der Polizei daran gehindert, den Saal zu stürmen. Ich wurde sofort von einer Ovation empfangen, sprach kurz, hielt eine lange ausführliche Diskussion [...].«[48] In Arendts Nachlass befindet sich zu dieser Veranstaltung ein zweiseitiges Typoskript, in dem sie – wie später im Oktober desselben Jahres auch für eine vergleichbare Diskussion an der University of Chicago – als erstes »rules« in Stichworten festhält.[49] Sie sind im Zusammenhang der Gespräche und Briefe mit Fest insofern von Interesse, als sie bereits zu diesem frühen Zeitpunkt Arendts grundsätzliche Haltung in der Kontroverse verdeutlichen. Arendt rechnet bei der Veranstaltung mit zwei Gruppen (»circles«), einer Innen- und einer Außengruppe. Zu Ersterer zählt sie diejenigen, die das Buch gelesen haben, zur Letzteren alle anderen, die nur etwas darüber gelesen oder gehört haben. Sie wolle keine außeruniversitäre öffentliche Veranstaltung und keine Presseberichterstattung. Ihre Gründe hierfür, so heißt es weiter, seien einfach: Sie habe kein schriftliches »statement« vorbereitet, und wenn sie sich in die Diskussion, die gegenwärtig geführt wird, einschalten wollte, hätte sie ein anderes Forum gewählt. Aber sie könne auch nicht den Leuten hinterherlaufen oder nachträglich Leserbriefe schreiben, um sicherzustellen, dass sie nicht falsch zitiert, falsch verstanden werde. Ihr komme es darauf an, Fragen zu beantworten und auf Argumente einzugehen. Die Studenten haben diese Regeln offenbar akzeptiert, es wird eine Debatte ohne Polemik. Keine der schriftlich auf Karten eingereichten Fragen, so Arendt an Jaspers, »enthielt auch nur eine Provokation«. Nach ihrem Deutschlandbesuch wird Arendt ähnliche Erfahrungen mit Studenten anderer amerikanischer Hochschulen machen. Die Universitäten haben sie »gerettet«, schreibt sie an Jaspers.[50]

*

Die hochschlagenden Wellen um Arendts Prozessbericht bestimmen auch die Vorbereitung der deutschen Buchausgabe. Pipers Zögern bei den Vertragsverhandlungen um *Eichmann in Jerusalem* führen beinahe zu einem Verlagswechsel Hannah Arendts.[51] Zudem dauert es eine Weile, bis eine geeignete Übersetzerin gefunden ist, nachdem Arendts – wie sie in einem Brief an Klaus Piper schrieb – »ganz und gar wilde Idee«, Ingeborg Bachmann hierfür zu gewinnen, sich nicht realisieren ließ.[52]

Der im Dezember 1963 beginnende Frankfurter Auschwitz-Prozess brachte das Problem von NS-Verbrechern, die unbescholten in Nachkriegsdeutschland lebten, ins tägliche Bewusstsein. Als schließlich der Erscheinungstermin von *Eichmann in Jerusalem* zur Frankfurter Messe im Herbst 1964 bevorstand, kurbelte Piper eine »große Propaganda« für Arendts Buch an, wie Karl Jaspers der Freundin nach New York berichtete.[53] Umfangreiche Vorveröffentlichungen erschienen im *Merkur* und in der *Zeit*;[54] in der *Welt* organisierte man einen Abdruck des später auch in den USA einflussreichen Essays von Mary McCarthy, der im Anhang dieses Bandes dokumentiert ist.[55] Im Rahmen der Frankfurter Buchmesse lud der Verlag zur exklusiven Pressekonferenz[56] mit der Autorin, bemühte sich um ein *Spiegel*-Interview und arrangierte ein ZDF-Fernsehgespräch mit Günter Gaus, das berühmt werden wird[57].

Im August 1964 nimmt Joachim Fest mit Hannah Arendt Kontakt auf. Vermittelt durch den gemeinsamen Verleger, soll er ein Gespräch im Südwestdeutschen Rundfunk mit der Autorin führen. Arendt steht dem medialen »Brimborium«, wie sie an Jaspers schreibt, skeptisch gegenüber.[58] Sie hat kein Interesse, sich auf die strategischen Spiele einer geschickten Positionierung ihres Buches einzulassen. Dennoch reist sie auf Pipers Bitten zur Buchvorstellung nach Deutschland und stimmt dabei auch der Radiosendung mit Joachim Fest zu. Sie kennt und schätzt Fests 1963 erschienene Porträtsammlung *Das Gesicht des Dritten Reiches*: »Sie wissen, wie gut mir Ihr Buch gefällt.«[59]

Fests Buch korrespondiert mit Arendts Schriften zum NS-Totalitarismus vor allem in der Unabhängigkeit des Urteilens und der präzisen Freihändigkeit der Sprache. Kenntnisreich, scharfzüngig, ironisch skizziert Fest die »Gesichter« des NS-Regimes und setzt sie ins Verhältnis zur Heimatlosigkeit, Selbstentfremdung und dem Hunger nach »Weltanschauung« im 20. Jahrhundert: »Elemente für die Beantwortung der Frage nach der totalitären Anfälligkeit des Menschen unserer Zeit.«[60] Leitmotivisch spricht Fest davon, »Elemente des Nationalsozialismus« mit seinem Buch zutage fördern zu wollen, und verweist damit auf Arendts *Elemente und Ursprünge totaler Herrschaft* – an einigen Stellen explizit. Im ersten Brief an Arendt bekennt Fest, sein Buch verdanke »Ihren Arbeiten außerordentlich viel«[61]. Umgekehrt erkannte Arendt bei Eichmann, wie Fest bei Hitler und anderen Führern des Regimes – trotz der Ungeheuerlichkeit ihrer Verbrechen –, kein Ungeheuer, sondern »die Inkarnation des Durchschnitts«[62]. In der Vorrede zur deutschen Ausgabe von *Eichmann in Jerusalem* hebt sie Fests Personenstudien als besonders erhellende Lektüre hervor. »Ich freue mich also, Sie kennen zu lernen, mich mit Ihnen zu unterhalten«, lässt sie ihn im Vorfeld des Rundfunkgesprächs wissen.[63]

Doch dann tritt etwas Unerwartetes ein. »Wie Herr Piper mir mitteilte, wünschen Sie möglichst bald schon die Fragen übermittelt zu bekommen«, kündigt Fest eine die Radiosendung vorbereitende Liste an. Kurz darauf schickt er sie an Arendt. »Im Ganzen«, kommentiert er die vierseitige, einzeilig getippte Aufstellung, »bieten die Fragen Gelegenheit, alle teils hierzulande schon geäußerten beziehungsweise zu erwartenden Einwände abzuwehren.«[64] Hier liege offenbar ein »Mißverständnis« vor, antwortet Arendt: »[I]ch hatte niemals die Absicht, mich zu *verteidigen*.«[65] Sie habe dem »Gespräch mit *Ihnen*« zugestimmt, weil sie nach der Lektüre von Fests Buch der Überzeugung war, »es sollte Sachen geben, über die wir uns mit Gewinn unterhalten können«. Arendt schwebt keine Inszenierung vorformulierter Fragen und Antworten vor. Auch will sie ihr Reden nicht an die polemische Kritik an ihrem Buch binden. Wenn dies nicht möglich sei, müsse man die Sache abblasen, meint sie.

Dieses »tatsächlich sehr dumme Mißverständnis« erklärt Fest mit dem Anliegen, das der Verlag hinsichtlich der Radiosendung an ihn herangetragen habe: Missverständnisse gezielt und vorab auszuschalten.[66] Ein komischer Knäuel verquer guten Willens, den es wieder zu entwirren galt. Auf Arendts Vorschlag findet sich dafür auch eine Form. Eine weitgehend freie Erörterung von »Problemen, zu denen wir *beide* etwas zu sagen haben«, wie sie an Fest schreibt: »ein Gespräch eben«.[67]

Tatsächlich verhandeln Arendt und Fest in jenem Rundfunkgespräch Aspekte der »unbewältigten NS-Vergangenheit« auf eine Weise, wie sie es an keiner anderen Stelle ihres Werks tun. Sie formulieren Überlegungen, die an den Gesprächspartner und die konkrete Situation adressiert sind. Fest hatte angesichts Eichmanns vorab als thematischen Kristallisationspunkt die Frage nach einem »neuartigen Verbrechertypus« vorgeschlagen. Im Gespräch entwickelt Arendt hierzu eine Überlegung, die vom »Mitmachen« ausgeht: Im Mitmachen, im Zusammen-Handeln entstehe ein Gefühl der Macht. Dies sei weder gut noch böse, sondern schlicht neutral. Zugleich sei Handeln mit einem Lustgefühl verbunden. Bei Eichmann hingegen liege eine Perversion des Handelns vor: das Funktionieren. Im Funktionieren sei zwar das Lustgefühl immer noch vorhanden, aber alles, was das Zusammen-Handeln ausmache (beratschlagen, argumentieren, gemeinsam reflektieren, Entschlüsse formulieren, Verantwortung übernehmen), sei ausgeschaltet. Ein Phänomen der Lust am Funktionieren, der »reine Leerlauf«.

Höchst selten operiert Arendt mit psychologischen Begriffen wie »Lust«. Im Gespräch mit Fest, dessen *Gesicht des Dritten Reiches* erklärtermaßen »Elemente einer Psychologie totalitärer Herrschaftsformen«[68] untersucht, wendet Arendt die »Lust« ins Politische. Sie erinnert etwa an die Lust politischen Handelns, von der die amerikanischen Gründungsväter wissen und wovon Arendt in ihrem Buch *Über die Revolution* berichtet. Das Bild vom »reinen Leerlauf«, das sie dem Ausdruck von der »Lust am reinen Funktionieren« zur Seite stellt, schlägt die Brücke zu *Elemente und Ursprünge*, wo sie die »reine Bewegung« aus willkürlichem Terror und zwingender Ideologie als leere Mitte der totalen Herrschaft darstellt. Diese Anspielung kann Arendt machen, da ihr Gesprächspartner das Totalitarismus-Buch kennt und zitiert hat; für die Hörer und Leser wird »Eichmann« dadurch mit einer politisch-historischen Dimension verknüpft, die Arendts Prozessbericht so noch nicht enthält und ihn also gesprächsweise fortschreibt.

Ein zweiter Moment, an dem die Stichwortliste der Fragen verlassen wird und das Gespräch zwischen Arendt und Fest sich frei zu bewegen beginnt, handelt von der »Verantwortung«. Kann ein Verbrecher haftbar gemacht werden, der erklärt, »nur Bürokrat«, nur ausführendes Organ höherer Befehle und also nicht persönlich verantwortlich zu sein? Bis heute berufen sich hierauf Militärs, Minister und Präsidenten, die wegen Kriegsverbrechen oder Menschenrechtsverletzungen vor Gericht stehen. Während des Frankfurter Auschwitz-Prozesses, den Arendt und Fest vor der Rundfunkaufnahme am 17. September 1964 gemeinsam besucht hatten,[69] konnte man diese Argumentation tagtäglich hören.

Das »Großartige am Gerichtsverfahren« sei, so Arendt, dass es alle Räder und Rädchen im Getriebe automatisch wieder in Menschen zurückverwandele: Die Richter urteilen nicht über den bürokratischen Apparat, sondern über den gedankenlos funktionierenden Täter selbst. Wodurch man ihm zugesteht, was er sich nicht zumuten wollte – selber zu urteilen, nicht mitzumachen. »Wenn Sie jemanden in eine rastlose Tätigkeit hineinzwingen«, so Arendt zu Fest, »werden Sie immer dieselbe Geschichte haben [...], dass Verantwortungsbewusstsein sich nicht bilden lässt. Es kann sich nur bilden in dem Moment, wo man reflektiert – nicht über sich selbst, sondern über das, was man tut.«[70]

Dies gilt, vor allem mit Blick auf den Stil der Darstellung, auch für Historiker, die Arendt »Hüter der Tatsachenwahrheit« nennt. Von der NS-Vergangenheit, erklärt sie im Gespräch mit Fest, dürfe man »nicht pathetisch reden, weil man sie dadurch verharmlost«. Ein Weg unabhängigen, verantwortungsbewussten Urteilens könne die Ironie sein – »Ich bin noch der Meinung, dass man lachen können muss, weil das Souveränität ist« –, und »das verstehen sehr wenige Menschen«. Während viele Kritiker den Stil von *Eichmann in Jerusalem* scharf attackierten, thematisiert Arendt mit Fest diesen diffizilen Punkt, der die Ethik von Geschichtsschreibung berührt. Dass Fest verstand, was Arendt mit Ironie und Souveränität meinte, kann man in dessen *Gesicht des Dritten Reiches* nachlesen – eine beinahe beliebig gewählte Passage (über NS-Außenminister Joachim von Ribbentrop): »[Seine Karriere] führte Ribbentrop, der mit Hitler die Gewohnheit teilte, sich in endlosen Monologen gewaltigen Visionen hinzugeben, in jene Bereiche, wo das großmannssüchtige Wort seine Unschuld verliert und unversehens Völkerschicksale beeinflußt; wo die auftrumpfende Grobheit nicht den Ruf des Schwadroneurs bei Nachbarn und Zechfreunden, sondern den des Friedensstörers vor der Geschichte einträgt. Ribbentrop hat diesen eklatanten Unterschied offenbar nie begriffen«.[71]

*

Gut fünf Jahre sollte es dauern, bis das Gespräch zwischen Hannah Arendt und Joachim Fest eine Fortsetzung findet – in Briefen.[72] Fest betreute mittlerweile das Essay-Ressort beim *Spiegel.* Im Dezember 1969 bittet er Arendt, den Eröffnungsessay dieser neuen Rubrik zu schreiben. Am liebsten sähe er einen Text zu den politischen Krisen in den USA. Auch im Folgejahr zeigt sich Fest »sehr interessiert, einen Beitrag von Ihnen im *Spiegel* zu sehen«[73]. Beide Male aber sieht Arendt keine andere Möglichkeit, als »Ihnen leider einen Korb [zu] geben«[74]. Es wirkt wie eine Wiederholung des Beginns ihrer Korrespondenz: Fest, der ein wirkmächtiges Wort in bester medialer Lage anbietet – Arendt, die daran nicht interessiert ist und stattdessen ein baldiges Wiedersehen im nichtöffentlichen Rahmen erhofft, denn »ich habe grosse Lust, mich mit Ihnen zu unterhalten«[75].

Ein Grund: Joachim Fest hat begonnen, eine umfassende Hitler-Biografie zu schreiben. Im Nebensatz seines Briefes an Arendt vom 2. Dezember 1969 nennt er es das »Buch, zu dem Sie ja doch eigentlich den Anstoß gegeben haben«. Man hält inne: *Die* Hitler-Biografie wurde von Arendt angestoßen? Welche Lektüren, Begegnungen, Gespräche mit der politischen Denkerin hatten Fests Arbeit an seinem *opus magnum* in Gang gesetzt? Nennt er an anderer Stelle nicht den Historiker Hugh Trevor-Roper und indirekt Alan Bullock als entscheidende Impulsgeber?[76] »In aufrichtiger Verbundenheit« notiert Fest für Arendt in ein Exemplar der Erstausgabe.[77] Nimmt man *Hitler: Eine Biographie* zur Hand, sucht man den Namen Arendt vergebens. War die Wendung vom entscheidenden Anstoß »ja doch eigentlich« nicht so gemeint? Ein Anstoß, so viel scheint gewiss, bestand darin, dass Hannah Arendt die befreundete Verlegerin Helen Wolff dazu angeregt hatte, sich für ein solches Buch aus Joachim Fests Feder zu engagieren.[78] Aber Fests Brief eröffnet eine weitere Frage: *Das Gesicht des Dritten Reiches*, das einen Nukleus des Hitler-Buches enthält, ist – wie erwähnt – im intensiven Dialog mit Arendts *Elementen und Ursprüngen totaler Herrschaft* geschrieben. Im Briefwechsel mit Arendt wünscht Fest mehrfach, bestimmte Aspekte seines großen Buchprojekts mit ihr zu besprechen. An ihre gemeinsame Debatte über einen »neuen Verbrechertypus«, die sie im Rundfunkgespräch begonnen hatten, knüpfen sie damit an. Warum verliert sich diese produktive Spur auf dem Weg zu *Hitler: Eine Biographie*? Anders gefragt: Wie hätte Fests Buch ausgesehen, wäre es tatsächlich in Korrespondenz mit Arendt, auch als Antwort auf ihr politisches Denken, geschrieben worden? Was wüssten wir heute anderes und *anders* über dieses Kapitel unserer Zeitgeschichte? Oder wäre das Buch, im Unterschied zu Fests *Hitler*, gerade nicht in den Kanon eingegangen? Fragen, die jene Leerstelle im politisch-theoretischen Diskurs Nachkriegsdeutschlands mit umreißen, die spätestens seit Ende der Sechzigerjahre von Arendts Abwesenheit im intellektuellen Feld der Bundesrepublik gezeichnet wird.

Ein zweiter Gesprächsanlass der Briefe zwischen Arendt und Fest verbindet sich seit Ende 1969 mit einem weiteren NS-Führer: Albert Speer. Die *Erinnerungen* des Architekten, der für Hitler das Parteitagsgelände in Nürnberg errichtete, die Umwandlung Berlins zur Welthauptstadt »Germania« in Gang setzte, später NS-Rüstungsminister wurde und 1946 vom Internationalen Kriegsverbrechertribunal zu zwanzig Jahren Haft verurteilt wurde, waren soeben erschienen. Sogleich feiert das Buch in Deutschland einen furiosen Erfolg. »Speer hat vielen, die nur immer fleißig und ordentlich und tüchtig und selbstlos gewesen waren und sich plötzlich in moralische Konflikte verwickelt sahen, das gute Gewissen zurückgeschenkt«, erklärt Fest in einem Brief an Arendt: »Man konnte, so scheint er zu beweisen, ein Nazi sein und doch anständig.«[79] Fests distanzierende Ironie, die seiner Paraphrase von Speers (Selbst-)Bild als anständigem Nazi unterliegt, geht einher mit einem Moment der Nähe zu dessen *Erinnerungen*. Denn Fest hatte zwei Jahre lang mit »dem ›Freund‹ Hitlers eine Art ›vernehmende Zusammenarbeit‹«[80] geführt – für dessen Buch. Und für Fests eigene Hitler-Biografie. Dass er vier Jahrzehnte später auch Speers Leben aufschreiben würde, war damals noch nicht absehbar.

Nach der Lektüre von Speers *Erinnerungen* fragt Arendt: »Wie konnte diese Sache einem Mann passieren, der offensichtlich *nicht* in diese Gesellschaft passte?«[81] Dies ist auch Fests Frage, der Speer als intelligenten Feingeist aus großbürgerlichem Hause sah, der unter »macchiavellistische und beutehungrige Kleinbürger geraten«[82] war. Hinsichtlich ihrer Antworten differieren beide in den Briefen. Arendt leuchtete Fests »Erklärung (die ja halbwegs auch von Speer akzeptiert wird – unter Ihrem Einfluss?)«, Hitlers Baumeister sei »Technokrat« gewesen, nicht ein. In ihren Augen war Speer »wahrhaftigen Gottes Nazi geworden«, weil er sich mit Hitler in ein Verhältnis begab, »als ob dies seine grosse Liebe gewesen« sei, die bis auf den heutigen Tag anhalte (Speer hatte in der Spandauer Haft begonnen, Hitlers Biografie zu schreiben). Speer sei »nie Nazi geworden«, entgegnet Fest.[83] Vielmehr habe sein maßloser Gestaltungshunger und Erfolgseifer ihn in den Bannkreis der Macht getrieben. »Ach, Sie glauben nicht«, habe Speer ihm einmal naiv preisgegeben, »in welchem Rausch und welcher Gedankenlosigkeit ich damals lebte!« – für Fest ein Mangel an Widerstandskraft als Symptom der »ans Ende gelangten bürgerlichen Gesellschaft«. »Gedankenlosigkeit« lautet der Kernbegriff, von dem aus Arendt in den folgenden Jahren die Frage reflektiert, inwiefern das Denken davor bewahren könne, Böses zu tun. Antwortet sie damit indirekt auch auf diese offen gebliebene Kontroverse mit Fest um Speer?

Speers *Erinnerungen* seien »die ersten Memoiren von ehemaligen Nazis, in denen nicht gelogen wird«, schreibt Arendt im selben Kontext an Fest.[84] Was meint sie damit? Dass hier nicht prinzipiell – unbewusst und also gedankenlos – gelogen wird, sondern bestenfalls partiell und gezielt, wie allgemein üblich in der Politik? Dass Speer keine abgedichtete, ideologische »Vernunftwahrheit« präsentiert, sondern um »Tatsachenwahrheit« bemüht zum Erhalt der Wirklichkeit beiträgt? Tatsachenwahrheiten, im Gegensatz zu Vernunftwahrheiten, ist die Kontingenz des »Es hätte auch anders kommen können« eingeschrieben: die Veränderbarkeit der Welt durch Handeln (Arendt entwickelt diese Überlegungen zur selben Zeit in ihren Vorträgen zu »Wahrheit und Politik«). Hatte Speer, trotz seines persönlichen Versagens, mit seinem Buch hieran erinnert? Schreibt Arendt aus diesem Grund: »Der Mann gefällt mir, nur verstehen tue ich ihn nicht«? Von Eichmann war sie abgestoßen – woher nun die Sympathie für einen Mann, der von sich sagt: »Wenn Hitler Freunde gehabt hätte, dann wäre ich sein Freund gewesen«?[85] Irritierende Momente dieser Korrespondenz, die sich der raschen Auflösung widersetzen.

Joachim Fest steuert einen anderen, ähnlichen Moment bei. »Ich habe mir erlaubt, als Speer unlängst vorbeikam, ihm einige Passagen Ihres Briefes vorzulesen«, berichtet er Arendt im Januar 1971. Dieser habe sich nachdenklich gezeigt und die »Verständigungsschwierigkeiten« damit zu erklären versucht, dass der Speer von heute »den Anderen« von damals »losgelöst von sich selbst« betrachte.[86] Welcher Situation wird Arendt hier ausgeliefert? Ungefragt ist sie in ein Gespräch gezwungen, dem sie weder zustimmen noch sich entziehen kann, sodass ihr allein die Rolle einer stummen Zeugin bleibt – eine merkwürdige, auch entblößende Vereinnahmung.[87]

*

Gleich nach Erscheinen der Biografie schickt Joachim Fest ein Exemplar nach New York: »Liebe und verehrte Frau Arendt, / hier ist nun endlich das Hitler-Buch.«[88] Nachdem Arendt die »Vorbetrachtung« zu »Hitler und die historische Größe« gelesen hatte, antwortet sie Fest – im letzten Brief der Korrespondenz – mit einem Kommentar Brechts zu *Arturo Ui*: »Die grossen politischen Verbrecher müssen durchaus preisgegeben werden, und vorzüglich der Lächerlichkeit. Denn sie sind vor allem keine grossen politischen Verbrecher, sondern die Verüber grosser politischer Verbrechen [...]. So wenig das Misslingen seiner Unternehmungen Hitler zu einem Dummkopf stempelt, so wenig stempelt ihn der Umfang dieser Unternehmungen zu einem grossen Mann.«[89]

Mit dem Hinweis auf das Brecht-Zitat nimmt Arendt bestimmende Themen der Gespräche und Briefe mit Fest wieder auf – das Lachen und die Ironie als Akte der Souveränität auch im Schreibstil[90], die erschreckende Durchschnittlichkeit vieler NS-Verbrecher, die Banalität des Bösen. Auch der Beginn ihrer Begegnung klingt an: das Rundfunkgespräch von 1964, als Hannah Arendt und Joachim Fest sich erstmals trafen und mit der Wendung von der »Dummheit, die so empörend ist« verständigten. Empörung ist das, was das Gemüt emporhebt und die Gedanken aufbringt. Dummheit, Unverständigkeit,

Tumbheit ist nach Kant synonym mit dem »Mangel an Urteilskraft«.[91] Die Umkehrung unabhängigen Urteilens besteht im reinen Gehorchen. Joachim Fest nennt Eichmanns Berufung auf Kant und auf den Gehorsam das »Leitmotiv einer großen Lebenslüge«. Akzentuierend fügt Hannah Arendt an: »Kein Mensch hat bei Kant das Recht zu gehorchen.«[92]

Ursula Ludz/Thomas Wild
Januar 2011

»Eichmann war von empörender Dummheit«

Die Rundfunksendung vom 9. November 1964

JOACHIM FEST *Frau Arendt, glauben Sie, dass irgendein Zusammenhang besteht zwischen dem Eichmann-Prozess und den sogenannten KZ-Prozessen in Deutschland*[1], *und vor allem: sind die Reaktionen in Deutschland und in Israel in irgendeiner Weise vergleichbar? Man hat ja gelegentlich davon gesprochen, dass Deutsche und Juden gemeinsam hätten, was man mit einem wenig glücklichen Ausdruck die sogenannte unbewältigte Vergangenheit nennt.*

HANNAH ARENDT Also dies sind ja zwei Fragen. Darf ich erst mal das erste beantworten: Ich bin der Meinung, dass der Eichmann-Prozess wirklich als ein Katalysator für die Prozesse in Deutschland gewirkt hat. Einige davon sind früher gewesen, einige Verhaftungen haben früher stattgefunden. Nun, wenn Sie sich das mal statistisch ansehen und das Datum von Eichmanns Entführung[2], nicht vom Eichmann-Prozess natürlich, im Kopf haben, dann werden Sie überwältigt sein, rein prozentual. Und ich will mich jetzt hier nicht darüber äußern, warum wohl das so gewesen ist – es ist eine einfache Tatsache.[3]

Nun, Sie sagen mit Recht, die Frage der unbewältigten Vergangenheit hätten die Juden und die Deutschen gemeinsam. Ich möchte das etwas einschränken. Erstens ist natürlich die Art und Weise der unbewältigten Vergangenheit, die man gemeinsam hat, sehr verschieden zwischen Opfern und Tätern; denn auch die Judenräte sind natürlich Opfer. Sie sind deshalb noch nicht hundertprozentig entschuldigt, aber selbstverständlich stehen sie auf der anderen Seite, das ist ja offenbar.

Nun, die unbewältigte Vergangenheit außerdem ist irgendetwas, was – ich weiß das aus Amerika – Juden und Deutsche eigentlich mit fast allen Ländern oder allen Völkern der Erde teilen, jedenfalls in Europa und in Amerika. Das Entsetzen selber, das aus diesen ganzen Dingen hervorgeht, geht alle an, und nicht nur Juden und Deutsche. Juden und Deutsche haben gemeinsam, dass sie die unmittelbar Beteiligten sind.

Und nun fragen Sie: »Ist diese Reaktion dieselbe in Deutschland und Israel?« Sehen Sie, ein Viertel der israelischen Bevölkerung, 25 Prozent, besteht aus unmittelbar Betroffenen. Das ist ein enormer Prozentsatz in einer Bevölkerung. Dass die selbstverständlich jetzt als Opfer anders reagieren als der durchschnittliche Deutsche gleich welcher Generation, der nur einen Wunsch hat, davon nie wieder was zu hören, ist ja klar. Auch die wollen nicht mehr davon hören; aber aus ganz anderen Gründen.

Jetzt gibt es eine Sache, die mir aufgefallen ist, und das ist die Einstellung der Jugend in Israel und der im Lande Geborenen. Und da gibt es ein Desinteressement, das dem Desinteressement in Deutschland irgendwie gleich gelagert ist. Sie haben auch die Vorstellung: Das sind die

Probleme unserer Eltern ... Nur jetzt anders natürlich: »Wenn unsere Eltern wünschen, dass das und das geschieht – also dann natürlich! Bitte schön! Aber man soll uns doch bitte sehr ... Wir sind nicht sehr interessiert daran.« Das war ganz allgemein. Also, es ist ein Generationenproblem wie in Deutschland.

Diese Prozesse haben ja nun, wie zum Teil auch schon die Nürnberger Prozesse[4] und die Nebenprozesse vor allem in Nürnberg, einen neuen Verbrechertypus sichtbar gemacht.

Es ist ein neuer Verbrechertyp: Ich stimme Ihnen zu, wenn ich Einschränkungen machen darf. Wir stellen uns doch unter einem Verbrecher jemanden mit verbrecherischen Motiven vor. Und wenn wir uns Eichmann begucken, dann hat er verbrecherische Motive eigentlich überhaupt nicht. Nämlich das, was man gewöhnlich unter »verbrecherischen Motiven« versteht. Er wollte mitmachen. Er wollte Wir sagen, und dies Mitmachen und dies Wir-sagen-Wollen war ja ganz genug, um die allergrößten Verbrechen möglich zu machen. Die Hitlers sind doch nun wirklich nicht diejenigen, die eigentlich typisch für diese Dinge sind; denn die wären doch ohnmächtig ohne die Unterstützung der anderen.

Also was ist da eigentlich los? Ich will mal nur auf Eichmann eingehen, weil ich den ja kenne. Und will mal erst Folgendes sagen: Sehen Sie, Mitmachen – im Mitmachen, wenn viele zusammen handeln, entsteht Macht. Solange man allein ist, ist man immer ohnmächtig, ganz egal, wie stark man ist. Dieses Gefühl der Macht, das im Zusammen-Handeln entsteht, ist an sich absolut nicht böse, es ist allgemein menschlich. Und es ist aber auch nicht gut. Es ist einfach neutral. Es ist etwas, was einfach ein Phänomen ist, ein allgemein menschliches Phänomen, das als solches zu beschreiben ist. In diesem Handeln gibt es ein ausgesprochenes Lustgefühl. Ich will hier nicht groß anfangen zu zitieren – aus der amerikanischen Revolution kann man stundenlang zitieren.[5] Und ich würde nun sagen, dass die eigentliche Perversion des Handelns das Funktionieren ist; dass in diesem Funktionieren das Lustgefühl immer noch da ist; dass aber alles, was im Handeln, auch im Zusammen-Handeln, da ist – nämlich: wir beratschlagen zusammen, wir kommen zu bestimmten Entschlüssen, wir übernehmen die Verantwortung, wir denken nach über das, was wir tun –, [dass] all das im Funktionieren ausgeschaltet ist. Sie haben hier den reinen Leerlauf. Und die Lust an diesem reinen Funktionieren – diese Lust, die ist ganz evident bei Eichmann gewesen. Dass er besondere Machtgelüste gehabt hat, glaube ich nicht. Er war der typische Funktionär. Und ein Funktionär, wenn er wirklich nichts anderes ist als ein Funktionär, ist wirklich ein sehr gefährlicher Herr. Die Ideologie, glaube ich, hat keine sehr große Rolle dabei gespielt. Dies scheint mir das Entscheidende.

Wenn ich von einem neuen Verbrechertypus sprach, so meinte ich folgenden Sachverhalt: Sowohl in Deutschland wie auch in den alliierten Ländern hat man sich nach dem Kriege getroffen in der Tendenz, die Führungsfiguren des Dritten Reiches zu dämonisieren.[6] Die Deutschen haben in diesen Führungsfiguren, von Hitler angefangen bis herunter zu Eichmann, immer wieder das Tier aus der Tiefe gesehen und sich damit möglicherweise ein gewisses Alibi verschaffen wollen. Denn wer dem Tier aus der Tiefe unterliegt, ist natürlich viel weniger schuldig als der, der einem ganz durchschnittlichen Menschen von dem Zuschnitte etwa Eichmanns unterliegt.

Der ist auch viel interessanter.

Tatsächlich? Ja. Bei den Alliierten war's ein ganz ähnlicher Sachverhalt: Dort hat man damit zum Teil entschuldigt: die Nachgiebigkeiten, die Appeasement-Politik bis zum Jahre 1939. Und auf der anderen Seite erscheint der Sieg über dieses Tier aus der Tiefe natürlich viel strahlender, wenn man es also mit dem Leibhaftigen selbst zu tun hatte.

Die Verteufelung Hitlers, scheint mir, ist sehr viel mehr Sache der Deutschen inklusive der deutschen Emigranten gewesen als der Alliierten selber. Die Alliierten waren in der Tat entsetzt, maßlos und beispiellos entsetzt, als die Wahrheit an den Tag kam. Das unterschätzt man in Deutschland in einem katastrophalen Ausmaß. Das heißt, in welchem Maße ihnen der Schrecken ins Gebein fuhr, als sie es erfuhren, als dann der einfache Soldat, als er Bergen-Belsen sah und so weiter ... Ich habe das in x Unterhaltungen [erfahren]. Ich habe ja im Ausland gelebt – also ich kann Ihnen sagen ...

Nun, die Dämonisierung selber dient, wie Sie einerseits richtig sagen, dem Alibi. Man erliegt also dem Leibhaftigen, und infolgedessen ist man selber gar nicht schuld. Vor allen Dingen aber ... Sehen Sie, unsere ganze Mythologie oder unsere ganze Tradition sieht ja im Teufel den gefallenen Engel. Und der gefallene Engel ist doch natürlich viel interessanter als der Engel, der immer ein Engel blieb, denn daraus ergibt sich ja noch nicht mal eine Geschichte. Das heißt, das Böse hat ja, vor allen Dingen auch in den Zwanziger- und Dreißigerjahren, die Rolle gespielt, dass nur das das eigentlich Tiefe sei, nicht? Und Sie haben das dann auch in der Philosophie – das Negative, was den eigentlichen Anstoß der Geschichte gibt, und so weiter. Sie können das sehr weit nachverfolgen. Und infolgedessen: Wenn man dämonisiert, macht man sich nicht nur interessant, sondern man schreibt sich heimlich auch bereits eine Tiefe zu, die die anderen eben nicht haben. Die anderen sind so flach, dass sie Menschen nicht in den Gaskammern getötet haben. Nun, das habe ich jetzt natürlich mit Absicht so gesagt, aber darauf kommt es hinaus. Nun, wenn es irgendjemand gegeben hat, der sich selber entdämonisiert hat, dann war es Herr Eichmann.

Eichmann ist ja tatsächlich so klein gewesen, dass ein Beobachter sich fragte, ob man denn nicht vielleicht den falschen Mann erwischt und vor Gericht gestellt habe. Tatsächlich ist er ja auch – das geht ganz eindeutig aus allen Unterlagen hervor – nicht grausam gewesen. Im Gegenteil, es fiel ihm immer wieder schwer, das zu tun, was ihm zu tun aufgetragen war, und er hat ja gerade daraus, dass es ihm besonders schwer fiel, das Gefühl einer Bewährung gezogen.

Ja. Das ist richtig, und das ist ja leider sehr weit verbreitet. Man glaubt, dass man, ob etwas gut oder böse sei, daran ablesen könne, ob man es gern tut oder nicht gern tut. Man glaubt, das Böse ist dasjenige, was immer als Versuchung auftritt, während das Gute dasjenige ist, was man eigentlich von sich aus nie will. Ich halte das alles für vollkommenen Blödsinn, wenn ich mal so sagen darf. Es gibt bei Brecht immer wieder die Darstellung der Versuchung zum Guten, der man widerstehen muss.[7] Wenn man zurückgeht in die politische Theorie, können Sie das bei Machiavelli lesen, sogar in gewissem Sinne bei Kant.[8] Eichmann und sehr viele von den Leuten waren sehr oft versucht, also das zu tun, was wir das Gute nennen. Sie haben dem widerstanden, gerade weil es eine Versuchung war.

Ja, Sie haben schon angedeutet vorhin, dass unsere Vorstellung vom Bösen oder die Vorstellung vom Bösen, wie sie in unserem Kulturbereich religiös, philosophisch, literarisch formuliert worden ist, den Typus Eichmann gar nicht enthält. Eine der Thesen Ihres Buches – sie taucht bereits im Untertitel auf – ist die von der »Banalität des Bösen«. Daran haben sich zahlreiche Missverständnisse geknüpft.

Ja, sehen Sie, diese Missverständnisse sind eigentlich in der ganzen Polemik, sie gehören zu dem wenigen, was echt ist. Das heißt, ich bin der Meinung, dass diese Missverständnisse entstanden wären, ganz gleich, was sonst. Das hat irgendwie ungeheuer schockiert, und das verstehe ich sehr gut; denn ich selber war davon sehr schockiert. Für mich selber war das etwas, worauf ich eigentlich nicht vorbereitet war.

Nun, ein Missverständnis ist das Folgende: Man hat geglaubt, was banal ist, ist auch alltäglich. Nun, ich glaubte ... Ich habe es so nicht gemeint. Ich habe keineswegs gemeint: Der Eichmann sitzt in uns, jeder von uns hat den Eichmann und weiß der Deibel was. Nichts dergleichen! Ich kann mir sehr gut vorstellen, dass ich mit jemandem rede und [der] mir etwas sagt, was ich noch nie gehört habe, was keineswegs alltäglich ist. Und ich sage: »Das ist äußerst banal.« Oder ich sage: »Das ist minderwertig.« In diesem Sinne habe ich es gemeint.

Nun, die Banalität war ein Phänomen, das sich gar nicht übersehen ließ. Das Phänomen äußerte sich in diesen geradezu fantastischen Klischees und Redensarten, die uns da dauernd entgegentönten. Ich will Ihnen sagen, was ich mit der Banalität meine, weil mir in Jerusalem eine Geschichte eingefallen ist, die Ernst Jünger einmal erzählt hat und die ich vergessen hatte.[9]

Ernst Jünger ist während des Krieges zu pommerischen oder mecklenburgischen – nein, ich glaube Pommern – Bauern gekommen (die Geschichte steht in den *Strahlungen*), und der Bauer hatte russische Kriegsgefangene unmittelbar aus den Lägern bekommen, natürlich völlig verhungert – Sie wissen, wie russische Kriegsgefangene hier behandelt worden sind. Und er sagt zu Jünger: »Na, dass das Untermenschen sind – und [...] wie's Vieh! Das kann man ja sehen: Sie fressen den Schweinen das Futter weg.« Jünger bemerkt zu dieser Geschichte: »Manchmal ist es, als ob das deutsche Volk vom Teufel geritten wird.« Und er hat damit nicht »dämonisch« gemeint. Sehen Sie, diese Geschichte hat eine empörende Dummheit. Ich meine: Die Geschichte ist sozusagen dumm. Der Mann sieht nicht, dass das Menschen tun, die eben verhungert sind, nicht wahr, und jeder es tut. Aber diese Dummheit hat etwas wirklich Empörendes. [...] Eichmann war ganz intelligent, aber diese Dummheit hatte er. Das war die Dummheit, die so empörend war. Und das habe ich eigentlich gemeint mit der Banalität. Da ist keine Tiefe – das ist nicht dämonisch! Das ist einfach der Unwille, sich je vorzustellen, was eigentlich mit dem anderen ist, nicht wahr?

Würden Sie sagen, dass Eichmann, aber auch Höß[10]*, spezifisch deutsche Erscheinungen sind? Sie haben vorhin den Namen Kant erwähnt, und Eichmann selbst hat sich ja nun in dem Prozess gelegentlich auf Kant berufen. Er habe gesagt, er sei sein Leben lang den Moralvorschriften Kants gefolgt und habe vor allem den Kantischen Pflichtbegriff zu seiner Richtschnur gemacht.*[11]

Ja. Natürlich eine Unverschämtheit, nicht? Von Herrn Eichmann. Kants ganze Moral läuft doch darauf hinaus, dass jeder Mensch bei jeder Handlung sich selbst überlegen muss, ob die Maxime seines Handelns zum allgemeinen Gesetz werden kann. Das heißt … Es ist ja gerade sozusagen das extrem Umgekehrte des Gehorsams! Jeder ist Gesetzgeber. Kein Mensch hat bei Kant das Recht zu gehorchen. Das Einzige, was Eichmann von Kant übernommen hat, ist diese fatale Geschichte mit der Neigung. Und die ist ja auch dann leider in Deutschland sehr verbreitet. Dieser kuriose Pflichtbegriff in Deutschland … Ich will Ihnen folgendes sagen: Sehen Sie, Hitler oder solche Sadisten wie der Boger[12] in dem Auschwitz-Prozess, Hitler war vermutlich einfach ein Mörder mit mörderischen Instinkten. Diese Leute sind meiner Ansicht nach nicht typisch deutsch.

Ich bin nicht der Meinung, dass das deutsche Volk besonders brutal ist. Ich glaube überhaupt an solche Nationalcharaktere [nicht]... Trotzdem, die Geschichte, die ich eben von Jünger erzählte, die ist spezifisch deutsch. Das heißt, dieses Unvermögen, wie Kant sagt, um ihn jetzt also doch wirklich in den Mund zu nehmen: »an der Stelle jedes andern denken«[13] – ja, das Unvermögen ... Diese Art von Dummheit, dass es ist, als ob man gegen eine Wand spricht. Man kriegt nie eine Reaktion, weil nämlich auf einen selber gar nicht eingegangen wird. Das ist deutsch. Das zweite, was mir spezifisch deutsch scheint, ist diese geradezu verrückte Idealisierung des Gehorsams. Gehorchen in diesem Sinne tun wir, solange wir Kinder sind, da ist es notwendig. Da ist Gehorsam eine sehr wichtige Geschichte. Aber die Sache sollte doch im vierzehnten, fünfzehnten Lebensjahr spätestens ein Ende haben.

Glauben Sie nicht, dass hinter der Berufung auf »Eid«, »Befehl«, »Gehorsam« mehr als eine bloße Ausflucht steckt? Eichmann hat sich ja immer wieder darauf berufen. Er hat erklärt, er sei von früh auf zum Gehorsam erzogen, er hat gefragt: »Was hätte mir Ungehorsam eingebracht? In welcher Hinsicht wäre er mir von Nutzen gewesen?« Und er hat dann erklärt, dass, als im Mai 1945 für ihn keine Befehle mehr eintrafen, plötzlich die Weltuntergangsstimmung bei ihm ausgebrochen sei.[14]

Ein führerloses Dasein!

Das Problem vom Gehorsam zieht sich wie ein Leitmotiv durch sein ganzes Leben – man kann es also in den Prozessakten nachlesen, es taucht immer wieder auf. Es ist wirklich wie das Leitmotiv einer großen Lebenslüge.

Ja, diese Lebenslüge ist natürlich überall da. Aber wissen Sie, er ist ja nicht der Einzige gewesen, der sich auf all das berufen hat, nicht? Auf »Befehl«, »Eid«, »Gott« und »Gehorchen-Müssen« und: »Gehorsam ist eine Tugend«. Eichmann hat übrigens auch von »Kadavergehorsam« gesprochen. In Jerusalem geriet er ganz durcheinander und hat plötzlich gesagt, das sei ja bloßer Kadavergehorsam gewesen, gar nichts Gutes und so weiter,[15] nicht wahr? Also das strudelt ja in den Köpfen dauernd durcheinander. Nun, die Berufung auf »Eid« und dass einem die Verantwortung abgenommen sei et cetera – die ist nicht nur bei Eichmann, die habe ich [auch] in den Nürnberger Prozessakten [gefunden] – die hat wieder etwas empörend Dummes. Sehen Sie, Eichmann hat Wutanfälle – die anderen auch – produziert und hat gesagt: »Man hat uns doch versprochen, dass wir nicht zur Verantwortung gezogen werden. Und nun bleibt alles an uns hängen, nicht? Und die Großen, nicht? Die natürlich – wie immer – haben sich der Verantwortung entzogen.«[16] Nun wissen Sie, wie sie sich der Verantwortung entzogen haben: entweder, indem sie sich das Leben genommen haben, oder indem man sie aufgehängt hat. Sich das nicht vorzustellen, wenn man so etwas sagt, ist grotesk. Die Sache ist doch einfach komisch! Ja, in der Tat, sie haben sich … sie sind nicht mehr unter den Lebenden! Wenn du dir das nicht hast vorstellen können, dass das alles nur gilt, solange einer lebt – ja, dann kann man dir wirklich nicht helfen.

Aber wie weit steckt darin nicht doch ein etwas tieferes Problem? Wie weit kann man Menschen, die unter totalitären Bedingungen leben, überhaupt noch zur Verant-

wortung ziehen? Das gilt ja nicht nur für den Typus Eichmann, sondern das gilt ja in ähnlicher Weise für die Judenräte auf der anderen Seite.

Einen Moment, bevor ich darauf komme. Sehen Sie, es ist doch ein höchst erstaunliches Phänomen: Keiner von den Leuten hat bereut. Ja, Frank[17] wohl; offenbar, vielleicht Heydrich[18] auf dem Totenbett – hat man gesagt; Ley[19] ...

Ja, bei Frank, würde ich sagen, war das eine rein stimmungsgetragene Reue. Er hat es ja auch bei seinem Schlusswort vor Gericht dann gleich wieder zurückgezogen.[20]

Ja!

Das war ein sehr ambivalentes Gefühl.

Also darf ich sagen: »Keiner hat bereut«.

Im Grunde genommen ist es bei keinem jedenfalls eindeutig nachweisbar.

Und Eichmann hat ja bekanntlich gesagt: »Reue ist für kleine Kinder.«[21] Keiner hat bereut. Andererseits sollte man doch meinen, wenn keiner bereut, sollte sich wenigstens einer finden, der dafür geradesteht und sagt: »Ja, in der Tat, wir haben's gemacht, aus den und den Gründen, ich bin heute noch der Meinung. Wir haben verloren. Ob wir gewonnen oder verloren haben, entscheidet doch nicht über die Sache selber.« De facto ist die Sache zusammengebrochen wie ein nasser Dreck. Und keiner ist geradegestanden. Keiner hat irgendetwas verteidigt. Und das scheint mir doch für dieses Phänomen, das Sie vorhin anschnitten, von Gehorsam – nicht wahr? – ganz entscheidend zu sein. Das heißt: Man hat eigentlich nur mitmachen wollen. Man ist bereit, alles mitzumachen. Wenn man einem sagt: »Du gehörst nur zu uns, wenn du mitmordest« – gut. Wenn man ihm sagt: »Du gehörst nur zu uns, wenn du nie mordest« – auch gut. Nicht? So sieht es für mich aus.

Das geht ja so weit, dass Eichmann erklärt hat, als er in amerikanische Gefangenschaft kam, sei er froh gewesen darüber, wieder sich einer Führung unterwerfen zu können. Und seine eigentümliche Bereitschaft vor dem Gericht bzw. schon in dem Verhör, in dem Vorverhör[22]*, alles auszusagen, was er wusste, ist ja wahrscheinlich ähnlich deutbar wie die Bereitschaft, der jeweiligen Autorität absoluten Gehorsam bis an die Grenze des Möglichen zu leisten – sich jeder Autorität zu unterwerfen.*

Wunderbar. Er hat sich himmlisch gefühlt in Jerusalem. Das ist gar keine Frage, nicht? Der Oberste war eben Landau[23], das sah man ganz deutlich, und dann kamen verschiedene andere Grade bis zu Herrn Hauptmann Less[24], den er – wie Herr Mulisch[25] mit Recht gesagt hat – als Beichtvater benutzte. Er sagte: »Hauptmann, ich will alles von mir geben.« Er wollte sich natürlich auch groß hinstellen. Immerhin sein Leben erzählen. Nun, die Frage der Verantwortung – wollen wir darauf noch mal zurückkommen?

Ja bitte.

Sehen Sie, wenn wir die Leute vor Gericht stellen, dann muten wir ihnen Verantwortung zu. Und das Recht dazu haben wir, also juristisch ... Das Recht haben wir, weil die Alternative nicht das Martyrium ist. Es gab eine Alternative, hüben und drüben, und die hieß: nicht mitmachen, selber urteilen: »Bitte schön ..., das mach' ich nicht mit. Ich setze nicht mein Leben ein, ich versuche zu entkommen, ich versuche, wie ich um die andere Ecke komme.« Nicht wahr? »Aber ich mache nicht mit. Und falls ich gezwungen sein sollte mitzumachen, dann werde ich mir das Leben nehmen.« Diese Möglichkeit gab es. Dazu gehörte, dass man nicht Wir sagt, sondern dass man Ich sagt, dass man selbst urteilt. Und dieses Selbsturteilen hat es überall gegeben, in allen Bevölkerungsschichten: unter frommen Leuten und nicht frommen Leuten, unter Alten und unter Jungen, unter Gebildeten und Ungebildeten, unter Adligen und Bürgerlichen und sehr vielen Arbeitern, erstaunlich vielen Arbeitern, vor allen Dingen in Berlin, wo ich es noch habe mit ansehen können.

Diejenigen, die mitmachten, haben sich – das sehen wir – überall gleich gerechtfertigt. Sie haben immer gesagt: »Wir sind nur dageblieben, damit es nicht noch schlimmer kommen sollte.« Nicht? Und nun ja, also – diese Rechtfertigung dürfte doch nun wirklich ein für allemal erledigt sein – schlimmer konnte es nicht kommen.

Dazu hat ja der amerikanische Ankläger Jackson im Nürnberger Prozess sich sehr bezeichnend und treffend geäußert. Er hat im Hinblick auf Schacht und Papen ge-

sagt: »Wenn wir diese Leute fragen, warum sie so lange mitgemacht haben, dann sagen sie, weil sie hätten Schlimmeres verhüten wollen. Und wenn wir sie fragen, warum alles so schlimm gekommen ist, dann sagen sie, sie hätten keine Macht gehabt.«[26] *Hier hebt sich wirklich alles auf, und die Apologie wird zur reinen Ausrede.*

Ja. Das alles sind ebenfalls Funktionäre gewesen.

Völlig richtig.

Mit Skrupel, es waren die Funktionäre mit Skrupel. Aber die Skrupel haben nicht ausgereicht, um ihnen klarzumachen, dass es eine Grenze gibt, wo der Mensch aufhört zu funktionieren. Und wenn sie weggegangen wären und gesagt hätten: »Aber, in Gottes Namen, lasst doch einen anderen den Dreck machen!« Nicht wahr, dann wären sie plötzlich wieder Menschen geworden – aus Funktionären.

Ja. Dennoch möchte ich noch einmal fragen, welche Möglichkeiten es gibt, in einem totalitären Regime oder unter einem totalitären System ohne Schuld zu bleiben. Viele Menschen sind keine Helden, und man kann es ihnen auch nicht zumuten, ein Held zu sein [...]. Sie sind dann aber auch keine Verbrecher, sie sind mitunter nur Mitwisser.

Ja, wissen Sie, die Mitwisserschaft ist eine furchtbare Sache. Das Entscheidende über diese Frage, nämlich dass man schuldig war, wenn man es ansah, das heißt, wenn man nicht entweder selbst mitging oder unmittelbar hereinging und sich über den Haufen schießen ließ, was nämlich der Impuls sehr vieler Menschen gewesen ist ... Was diese Mitwisserschaft anlangt, da hat, glaube ich, Jaspers das Entscheidende gesagt. Er hat gesagt: »Dass wir leben, ist unsere Schuld.«[27] Nicht wahr? »Denn wir konnten nur überleben, indem wir den Mund hielten.« Aber sehen Sie, zwischen diesem Wissen und der Tat liegt doch ein Abgrund. Zwischen dem Mann, der sieht und weggeht, und dem Mann, der's tut [...]. Wenn nun also der, der nichts gemacht hat, sondern nur weggegangen ist, sagt: »Wir sind alle schuldig«, dann hat er damit, und das ist in der Tat in Deutschland so gewesen, den Mann, der es angerichtet hat, mit gedeckt. Und deshalb darf man diese Schuld nicht verallgemeinern, weil man damit nichts anderes tut, als die Schuldigen zu decken. Nun, ich möchte noch eine Sache dazu sagen, wenn ich darf.

Ja bitte.

Man muss sich klar sein, dass es unter totalitären Bedingungen das Phänomen der Ohnmacht gibt, und man muss sich klar sein, dass es auch unter Bedingungen der absoluten Ohnmacht noch Verhaltungsweisen gibt. Das heißt, dass das nicht besagt, dass man unbedingt auch ein Verbrecher werden muss. Das Phänomen der Ohnmacht ist ausschlaggebend, und dies Phänomen der Ohnmacht natürlich war die Situation all dieser Menschen. Sie werden absolut ohnmächtig. Es gab keine Möglichkeit des Widerstandes, weil sie alle vereinzelt waren, weil sie nirgends zusammengehörten, weil sich nicht zehn sozusagen zusammensetzen konnten und einander trauen.

Würden Sie sagen, Frau Arendt, dass man angesichts dieses Sachverhalts noch mit dem alten, einfachen Satz zurechtkommt, es sei besser, Unrecht zu leiden, als Unrecht zu tun?

Sehen Sie, der Satz stammt von Sokrates.[28] Das heißt in unserem Zusammenhang: Er ist formuliert, bevor religiöse Gebote für die christlich-abendländische Menschheit von den Juden her maßgeblich wurden. Was Sokrates sofort immer wieder gesagt hat, bzw. auch Plato, ist, dass man diesen Satz nicht beweisen kann. Das heißt, für die einen ist er absolut evident, und den anderen können Sie nicht beweisen, dass sie so handeln müssen. Was ist also der Grund für diejenigen, für die er absolut evident ist?

Nun gibt es einen anderen Satz von Sokrates, der meiner Ansicht nach diesen Grund gibt, und der ist: »Es ist besser, mit der ganzen Welt uneins zu sein als mit sich selbst, da ich ja einer bin.« Denn wenn ich mit mir selbst nicht einig bin, entsteht ein Konflikt, der unerträglich ist. Das heißt, es ist der Satz vom Widerspruch im Moralischen, und er ist noch maßgebend für den kategorischen Imperativ [bei Kant]. Dieser Satz setzt voraus, dass ich in der Tat mit mir selbst zusammenlebe, also sozusagen Zwei-in-Eins bin, und dass ich dann also sage: »Dies und dies will ich nicht tun.« Denn mit jemandem, der dies getan hat, will ich nicht zusammenleben. Und dann gäbe es für mich als Ausweg doch nur noch, wenn ich das und das getan habe, den Selbstmord oder später, in christlichen Kategorien gedacht, die Umkehr und die Reue.

Nun, mit sich selbst zusammenleben heißt natürlich mit sich selbst sprechen. Und dies Mit-sich-selbst-Sprechen ist ja im Grunde das Denken. Und zwar eine Art von Denken, das nicht technisch ist, dessen jeder Mensch fähig ist. Also die Voraussetzung des Satzes ist: Ich habe Umgang mit mir. Und: Es mag Situationen geben, in denen ich mit der Welt so uneins werde, dass ich nur noch auf den Umgang mit mir zurückfallen kann – und vielleicht noch mit einem Freund, also mit dem anderen Selbst, wie Aristoteles mal so schön gesagt hat: autos allos[29]. Dieses, meiner Ansicht nach, ist die eigentliche Situation der Ohnmacht. Und diejenigen Menschen, die tatenlos aus dieser Sache herausgegangen sind, waren diejenigen, die sich zugestanden, dass sie ohnmächtig waren und an diesem Satz, der der Satz des Denkenden in der Ohnmacht ist, festhielten.

Kommen wir noch einmal auf Eichmann zurück und die Rolle, die die Bürokratie überhaupt beim Massenmord gespielt hat. Was bedeutet eigentlich das Eingebettetsein in einen bürokratischen Apparat für den Einzelnen? Und inwieweit verflüchtigt sich das Unrechtsbewusstsein im Instanzenzuge? Ist es vielleicht so, dass die partiellen Zuständigkeiten, die jedem nur gegeben sind, die Möglichkeiten moralischer Einsichten verdecken? Eichmann hat gesagt: »Ich saß am Schreibtisch und machte meine Sachen.« Und der ehemalige Gauleiter von Danzig hat erklärt, seine offizielle Seele habe sich immer mit dem identifiziert, was er getan habe, seine private Seele sei stets dagegen gewesen.[30]

Ja, also dieses ist die sogenannte innere Emigration unter den Mördern, wobei ja der ganze Begriff der inneren Emigration oder des inneren Widerstandes ausgelöscht ist. Ich meine, das gibt es eben nicht.[31] Es gibt nur äußeren Widerstand, inner[en] gibt es höchstens [als] eine Reservatio mentalis, nicht? Das sind ja alles Lebenslügen, die verständlich sind und ziemlich ekelhaft. – Die Bürokratie, also der Verwaltungsmassenmord, schafft natürlich wie jede Bürokratie eine Anonymität: Die Person wird ausgelöscht. Sobald der Betreffende vor dem Richter erscheint, wird er wieder ein Mensch. Und das ist eigentlich das Großartige am Gerichtsverfahren, nicht? Es findet da eine wirkliche Verwandlung statt. Denn wenn der jetzt sagt: »Ich war doch nur ein Bürokrat«, dann kann der Richter sagen: »Du, hör mal, deswegen stehst du nicht hier. Du stehst deswegen hier, weil du ein Mensch bist und weil du bestimmte Sachen gemacht hast.« Und diese Verwandlung hat etwas Großartiges.

Nun, abgesehen davon, dass die Bürokratie im Wesen anonym ist, lässt jede rastlose Tätigkeit Verantwortung verflüchtigen. Es gibt im Englischen einen idiomatischen Ausdruck: »stop and think« – halt an und denk nach. Kein Mensch kann nachdenken, ohne anzuhalten. Wenn Sie jemanden in eine rastlose Tätigkeit hereinzwingen, nicht wahr, oder [er] sich hereinzwingen lässt, dann werden Sie immer dieselbe Geschichte haben. Sie werden immer die Sache haben, dass Verantwortungsbewusstsein sich nicht bilden kann. Es kann sich nur bilden in dem Moment, wo man reflektiert – nicht über sich selbst, sondern über das, was man tut.

Fragen wir einmal kurz nach gewissen rechtlichen Konsequenzen, die sich aus diesem gesamten Komplex ergeben. Die Frage vor allem, die mit dem zusammenhängt, worüber wir eben gesprochen haben: Entspricht der Typus

Eichmann noch dem herkömmlichen Mörderbegriff? Ist er nicht viel mehr Funktion in einem Mordapparat als wirklich Mörder? Und begründet die Teilverantwortung, die er hatte, ungeteilte Schuld?

Wir sprachen schon von dem motivlosen Mörder, das heißt die uns bekannten verbrecherischen Motive: Leidenschaft, Interesse … Oder dem Überzeugungstäter, der ja eine Zwischenfigur ist. Trifft alles nicht zu! Also in dem Sinne haben wir keine Handhabe in den überkommenen Begriffen. Ich würde sagen, diese Art zu morden, vom Schreibtisch oder in Massen … [Das] ist natürlich ein unvergleichlich furchtbarerer Typus Mensch als jeder Mörder, weil er gar keinen Bezug mehr auf sein Opfer hat. Er tötet ja wirklich, als ob es Fliegen sind.

Die Teilverantwortung war natürlich noch nie ein Grund für geteilte Schuld. Man hat Eichmann nicht mit Töten beauftragt, weil er sich dazu nicht eignete. Aber er war doch in dem Mordprozess! Es spielt gar keine Rolle, wer das oder jenes nur tut. Was ich sagen möchte, ist: Wenn ich sage: »Das ist doch kein typischer Mörder«, dann meine ich doch nicht, dass er was Besseres ist. Sondern was ich meine, ist, dass er etwas unendlich viel Schlimmeres ist, obwohl er gar keine eigentlich – was wir nennen – »verbrecherischen Instinkte« [hat]. Er ist in die Sache reingerutscht. Aber ich kann mir Mörder vorstellen, die mir erheblich sympathischer sind, wenn ich so was sagen darf, als Herr Eichmann.

Das Gericht in Jerusalem hat ja auch diesen Sachverhalt, glaube ich, abschließend beantwortet, indem es erklärte, es handle sich bei diesen Verbrechen nicht nur um Mas-

senverbrechen hinsichtlich der Opfer, sondern auch hinsichtlich der Täter. Ich darf mal hier zitieren: »Die Nähe oder Entfernung … zu dem Manne, der das Opfer tatsächlich tötet, [kann] überhaupt keinen Einfluss auf den Umfang der Verantwortlichkeit haben … Das Verantwortlichkeitsausmaß wächst vielmehr im Allgemeinen, je mehr man sich von demjenigen entfernt, der die Mordwaffe mit seinen Händen in Bewegung setzt.«[32]

Ja, ganz richtig. Ich habe dieselbe Sache ja auch bei mir zitiert. Sie stammt aus dem abschließenden Urteil. Ich bin genau derselben Meinung.

Die Frage ist jedoch, ob die geltenden Rechtsnormen noch erfassen können, was hier verantwortet werden muss. Würden Sie das sagen?

Wir sind auf den Verwaltungsmassenmord nicht eingestellt in den Gesetzbüchern, und wir sind auf diese Arten der Täter nicht eingestellt. Nun, kann man dann doch noch Gerechtigkeit üben? Also sozusagen: nach den Gesetzbüchern nicht, de facto ja? Die Richter haben überall – obwohl sie sich mit Händen und Füßen dagegen sträuben, es zuzugeben – in Wahrheit frei geurteilt. […]

Die Gerechtigkeit läuft auf zwei Dinge hinaus: Sie soll erstens die gestörte Ordnung wiederherstellen. Das ist ein Heilungsprozess, der nur dadurch kommen kann, dass die Störer, also diese Menschen, verurteilt werden. Und das zweite scheint mir, was uns Juden anlangt … Es gibt bei Grotius einen von den Richtern zitierten Ausspruch, den sie aber leider kaum beachtet haben: Dass es zur Ehre und Würde des Geschädigten oder Verletzten gehört, dass der Täter bestraft wird.[33] Das hat nichts zu tun mit den ausgestandenen Leiden, es hat nichts zu tun mit Wiedergutmachung. Es ist wirklich eine Frage der Ehre und Würde. Sehen Sie, für uns Juden ist das eine entscheidende Frage, wenn wir in Deutschland sind. Wenn das deutsche Volk der Meinung ist, es kann ganz ungestört mit den Mördern in seiner Mitte zusammenleben, dann geht das gegen die Ehre und Würde des Juden.

Kommen wir zurück auf Ihr Buch, Frau Arendt. Sie haben darauf hingewiesen, dass der Eichmann-Prozess die Totalität des moralischen Zusammenbruchs im Herzen Europas sichtbar gemacht habe, bei den Verfolgern und bei den Verfolgten gleichermaßen, und in allen Ländern.[34] Bezeugt nun die Reaktion auf Ihr Buch, die ja darin bestand, dass einerseits dieser Zusammenbruch selbst geleugnet wurde und andererseits Totalschuldbekenntnisse abgegeben wurden, nicht gerade, was Sie zu beweisen versuchten? Und vielleicht kann ich die Frage noch anhängen: Welche Reaktionen haben Sie erwartet?

Ja also, diese Reaktion auf mein Buch hat mir natürlich … ist für mich natürlich wie eine Probe aufs Exempel – aber nachträglich, nicht in dem Sinne, dass ich es erwartet hätte. Ich will Ihnen ein Beispiel geben: Ich habe mehrfach erlebt … Dies Buch ist im Manuskript von einer sehr großen Anzahl von Leuten (was sonst nicht bei mir der Fall ist) gelesen worden, und unter diesen Leuten, die das Buchmanuskript lasen, waren mindestens 50 Prozent, wahrscheinlich viel mehr, Juden.[35] Nirgends ist diese Reaktion, die dann kam, von irgendeinem ausgesprochen worden – auch nur andeutungsweise! Ja, noch mehr: Unter diesen Leuten befinden sich natürlich auch Leute, die Freunde von mir sind und die ich gut kenne. Und einer von denen hat zum Beispiel dies Buch … nicht nur einer, mehrere Juden haben das Buch im Manuskript gelesen und waren ganz begeistert, nicht? Dann ging die Kampagne los, und die haben vollkommen vergessen gehabt, dass sie das Buch überhaupt vorher gelesen hatten. Wenn Sie diesem Phänomen nachgehen wollen – wissen Sie, das ist wieder ein anderes Phänomen –, dann müssen Sie wirklich *Die goldenen Früchte* von der Nathalie Sarraute lesen, die hat das als Komödie dargestellt.[36] Es ist ja auch eine Komödie, es ist die Komödie der Intellektuellengesellschaft, nicht? Wo diese Stimmungen hin und her gehen, natürlich beeinflusst von … Und diesen Einflüssen sind sehr viel mehr Menschen unterworfen, als man gemeinhin denkt. Nicht? Und das hat auch mit Intelligenz gar nichts zu tun. Sehr intelligent kann man sein und trotzdem genau so sein.

Sie sprachen von der Kampagne. Nun hat der Widerstand gegen die in Ihrem Buch dargestellten Zusammenhänge gewiss viele Motive, und darunter solche, die – man kann das durchaus sagen – Respekt verdienen. Daraus ergibt sich die Frage: Soll man die Wahrheit sagen, auch wenn man mit bestimmten legitimen Interessen einerseits und Gefühlen andererseits in Konflikt gerät?

Sehen Sie, Sie schneiden damit die einzige Frage an, die mich an der Kontroverse selber interessiert.

Ich glaube nicht, dass ich legitime Interessen – also legitime! – verletzt habe. Aber nehmen wir doch mal an, dass das eine Streitfrage ist und dass ich sie doch verletzt habe. Hätte ich es tun sollen? Nun, ich glaube, es ist die Aufgabe der Historiker, aber auch [von] Leuten, die in der Zeit stehen und unabhängig sind – das gibt es ja, Hüter der Tatsachenwahrheiten zu sein. Was passiert, wenn diese Hüter von der Gesellschaft verdrängt, in die Ecke gedrängt oder vom Staate an die Wand gestellt werden – das haben wir ja gesehen an der Geschichtsschreibung, zum Beispiel in Russland, wo alle fünf Jahre eine neue Geschichte Russlands erscheint. Haben der Staat oder die Gesellschaft mit ihren legitimen Interessen, die in Konflikt kommen können mit der Wahrheit, trotzdem noch ein Interesse – prinzipiell – an diesen Hütern der Tatsachenwahrheit? Dann würde ich sagen: Ja. Was jetzt entstehen wird, ist natürlich, dass eine ganze Reihe von apologetischen Darstellungen auf den Markt geworfen wird, nur um diese paar Wahrheiten, die sich in diesem Buche sogar am Rande befinden, zuzudecken. Es wird nicht gelingen, weil so etwas ja nie ganz geht.

Nun gibt es etwas anderes: Es gibt ja auch legitime Gefühle. Und es ist keine Frage: Ich habe Menschen verletzt. Und wissen Sie, das ist mir irgendwie unangenehmer, wenn ich Menschen verletze, als wenn ich Interessenorganisationen in die Quere komme, nicht? Das, möchte ich sagen, nehme ich ernst, das andere nehme ich nur prinzipieller. Nun, diese legitimen Gefühle habe ich verletzt – im Wesentlichen durch meinen Stil, und dazu kann ich wenig sagen. Sehen Sie, ich bin der Meinung, das legitime Gefühl hier ist die Trauer. Das einzige! Nicht die Selbstbeweihräucherung! Und das verstehen sehr wenige Menschen. Dagegen kann ich nichts machen. Ich bin außerdem der Meinung, dass man über diese Dinge nicht pathetisch reden darf, weil man sie dadurch verharmlost. Aber all das … Ich bin noch der Meinung, dass man lachen können muss, weil das Souveränität ist. Und dass all diese Einwände gegen Ironie irgendwie mir sehr unangenehm sind im Geschmackssinn, ja. Aber all das sind Fragen der Person. Ich bin ganz offenbar sehr vielen Leuten sehr unangenehm. Dagegen kann ich nichts machen. Was soll ich dagegen machen? Die mögen mich halt nicht. Denn der Stil, in dem äußert sich doch die Person – nämlich das, was man selber nicht weiß.

Nun noch eine Schlussfrage, Frau Arendt. Man hat vielfach davon abgeraten, Eichmann in Jerusalem *in Deutschland zu veröffentlichen. Man sprach von »negativen Wirkungen auf das öffentliche Bewusstsein«.*[37] *Worin könnten eigentlich diese negativen Wirkungen bestehen?*

Nun, die jüdischen Organisationen haben ja ganz offenbar eine merkwürdige Sorge: Sie glauben, dass man die Argumente von mir missbrauchen könnte. »Da haben wir's ja«, [denken sie,] werden die Antisemiten sagen, »die Juden waren selbst schuld.« Das sagen die sowieso. Aber wenn man mein Buch liest, können die Antisemiten damit überhaupt nichts anfangen. Nun, manche Leute glauben, das deutsche Volk sei noch nicht reif. Na, wenn das deutsche Volk jetzt noch nicht reif ist, dann werden wir wohl bis zum Jüngsten Gericht damit warten müssen.

»Wir haben sehr viel zu erörtern ...«

Briefe 1964 bis 1973

(1) Joachim Fest an Hannah Arendt, 10. August 1964

Hamburg-Kleinflottbek, den 10. August 1964

Sehr verehrte Frau Dr. Arendt!

Unmittelbar nach Beendigung einer mich über längere Zeit in Anspruch nehmenden Arbeit ist überraschend eine Reise notwendig geworden, die ich morgen bereits antreten muß. So bleibt mir fast unhöflich wenig Zeit, um Ihnen zu schreiben. Lassen Sie mich zunächst sagen, wie sehr ich mich über Ihr zustimmendes Urteil zu meinem Buch gefreut habe, das, wie Sie gewiß gesehen haben, auch Ihren Arbeiten außerordentlich viel verdankt.[1] Dieser schon seit einigen Jahren bestehenden sachlichen Verbundenheit wegen bin ich auch besonders glücklich über die Gelegenheit, mit Ihnen das Gespräch über Ihr jüngstes Buch[2] führen zu können. Wie Herr Piper mir mitteilte, wünschen Sie möglichst bald schon die Fragen übermittelt zu bekommen, die ich dabei an Sie richten werde. Bitte haben Sie Verständnis dafür, daß ich heute dazu noch nicht in der Lage bin. Soeben erst habe ich das

Umbruchexemplar Ihres Buches erhalten, das ich bisher nur in der englischen Fassung kannte. Ich möchte es im Hinblick auf unsere Unterhaltung noch einmal lesen, desgleichen einige kritische Stellungnahmen, insbesondere diejenige von Golo Mann[3], die hierzulande ja weithin bekanntgeworden ist und als die ausführlichste Darlegung des extrem ablehnenden Standpunktes gelten darf. Daher halte ich es für besonders geboten, daß Sie in unserem Gespräch Gelegenheit finden, darauf zu antworten.

In etwa einer Woche, sehr verehrte Frau Dr. Arendt, werde ich meinen Urlaub antreten und die ersten Tage ausschließlich der Vorbereitung unserer Unterhaltung widmen. Ich denke, daß ich Ihnen folglich in ca. 14 Tagen eine Rahmenskizze für den von mir gedachten Verlauf zuschicken kann. Alles weitere sollten wir dann im Zuge der unmittelbaren Vorbereitung zu klären und festzulegen versuchen. Mir schiene am besten, wir könnten den Tag vor der Rundfunkaufnahme[4] von allen Verpflichtungen freihalten und ganz auf die gegenseitige Abstimmung verwenden. Falls Sie mit mir darin übereinstimmen, wäre es gut, wenn Sie schon jetzt daraufhin Ihre Dispositionen treffen würden. Da Herrn Krüger vom Südwestfunk[5] — aus durchaus einleuchtenden Gründen — sehr viel daran gelegen ist, die Aufnahme in Baden-Baden selbst vorzunehmen, hielte ich es für am zweckmäßigsten, wir führen von Frankfurt aus gemeinsam einen Tag zuvor dorthin, um uns abseits vom Messetrubel ausführlich zu verständigen. Ich selbst bin in der Zeit vom 17. bis 23. September in Frankfurt und stehe innerhalb dieses Termins jederzeit zu Ihrer Verfügung. Ich wäre Ihnen, sehr verehrte Frau Dr. Arendt, sehr dankbar, wenn Sie mir mit einer kurzen

Nachricht mitteilen würden, ob Sie diese meine Überlegungen teilen.

In der Erwartung eines guten Gelingens unseres Vorhabens bin ich

In aufrichtiger Verbundenheit
Ihr Joachim C. Fest

PS Ab 18. August lautet meine Anschrift: J. C. F., 2285 Kampen (Sylt), c/o Marie von Drathen

(2) Hannah Arendt an Joachim Fest, 13. August 1964

[New York,] den 13. August 1964

Sehr geehrter Herr Dr. Fest!

Haben Sie Dank für Ihren Brief, der mich gerade erreichte. Ich schreibe schnell, um Sie noch in Hamburg zu erwischen. Eigentlich nur um zu sagen, dass ich mit allem einverstanden bin. Ich schrieb bereits an Herrn Piper, dass ich die Fragen am liebsten Anfang September nach Basel geschickt hätte (c/o Prof. Jaspers, Austrasse 126), wo ich vermutlich so gegen den 3. eintrudeln werde.[6] Das lässt Ihnen also reichlich Zeit. Sollten sich meine Reisedispositionen ändern, was immerhin möglich ist, schreibe ich Ihnen rechtzeitig.

Selbstverständlich ist alles besser als der Trubel in Frankfurt. Wenn ich Piper richtig verstanden habe, soll ich dort »mich der Presse stellen«[7] – er drückt das schöner aus –, und zwar am 17. Das würde uns Zeit lassen, das Gespräch auf den 19. oder – vielleicht besser, denn ich soll mich mit gleichem Thema vorher in München[8] äussern! – den 20. festzulegen und einen Tag vorher gemütlich zu zweit abzureisen.

Sie wissen, wie gut mir Ihr Buch[9] gefällt. Ich freue mich also darauf, Sie kennen zu lernen, mich mit Ihnen zu unterhalten, obwohl mir vor der Künstlichkeit dieser Gespräche immer ein wenig graut. Aber es wird schon irgendwie werden.

Sie schreiben von der Golo Mann Kritik. Ich werde sie mir auch noch einmal ansehen, habe sie nur flüchtig überflogen.[10] Mit derartigen Dingen kann man sich ja eigentlich nicht auseinandersetzen. Was soll man denn gegen schiere und eigentlich unbegründete Bösartigkeit tun? (Mir sagte Auden, der Golo Manns Schwager ist,[11] er würde nicht mehr mit ihm sprechen. Dies nur um Ihnen zu sagen, dass hier nicht die Reaktion des beleidigten Autors vorliegt. Mir persönlich ist die Sache eigentlich egal, da ich ihn kaum kenne und seine Schriften nicht übermässig schätze.) Aber über dies und Ähnliches werden wir ja bald Gelegenheit haben, uns zu unterhalten.

Bis dahin alles Gute für die Ferien
und freundlichste Grüsse
Ihre [Hannah Arendt]

(3) Joachim Fest an Hannah Arendt, 28. August 1964

Kampen/Sylt, den 28. August 1964

Sehr verehrte Frau Dr. Arendt!

Hier nun schicke ich Ihnen wie verabredet einen Entwurf, der die Fragen enthält, die ich im Verlauf unseres Gesprächs an Sie zu richten beabsichtige. Wie ich Ihnen schrieb, hatte ich ja zunächst vor, erst einmal nur eine Rahmenskizze anzufertigen – doch bin ich davon während der Beschäftigung mit dem Thema abgekommen. Nun ist es doch sehr ausführlich angelegt. Bekommen Sie daher bitte keinen Schreck über den Umfang der Aufzeichnung. Die Fragen sind zwangsläufig etwas lang geraten. Mitunter nehmen sie wohl auch einen Teil Ihrer Antwort schon vorweg. Das hat natürlich seinen Grund vor allem darin, daß ich mir jeweils zugleich Ihre Antwort überlegen bzw. den von Ihrer Antwort vermutlich gedeckten Bereich des Themas einkalkulieren mußte. Wir können selbstverständlich daran noch, soviel wir wollen, herumkorrigieren. Sollten Sie insgesamt damit einverstanden sein und das Bedürfnis haben, Ihre Antworten schriftlich zu fixieren (was sich zumindest teilweise wohl empfiehlt), so wäre es gut, wenn Sie am Ende Ihrer Antwort meine Anschlußfrage berücksichtigten.

Im Ganzen, so glaube ich, bieten die Fragen Gelegenheit, alle teils hierzulande schon geäußerten beziehungsweise zu erwartenden Einwände abzuwehren. Was möglicherweise nicht ganz stimmt, sind die Proportionen des Fragenkatalogs (bspw. die Lehre für die Deutschen!): das müßte dann durch eine entsprechend breitere Antwort ausgeglichen werden. Im übrigen hoffe ich, daß Sie in dem Entwurf so etwas wie einen roten Faden entdecken können. Erfahrungsgemäß erleichtert das die Arbeit, und aus diesem Grunde auch habe ich das Ganze schön mit Zwischenüberschriften zu unserer Orientierung versehen. Nicht zuletzt hat es bei klarer Gliederung auch der Hörer leichter.

Ich bin sicher, sehr verehrte Frau Dr. Arendt, daß es Ihnen nicht schwer fallen wird, die Fragen zu beantworten. Sie dürften Ihnen durchweg schon bekannt sein. Allein die wenigen Kritiken, die mir zur Verfügung standen, haben mir gezeigt, daß in Amerika das Problem wirklich erschöpfend diskutiert worden ist.[12]

Auf unser Zusammentreffen freue ich mich sehr. Ihre Karte[13] habe ich erhalten und Herrn Krüger[14] inzwischen informiert.

Bitte empfehlen Sie mich Herrn Professor Jaspers. Seine positiven Äußerungen zu meinem Buch[15] haben mir – ich muß das nicht umständlich begründen – außerordentlich viel bedeutet.

Mit aufrichtigen Grüßen
Ihr Joachim Fest

Anlage zu Brief Nr. 3

I. Einleitung

(Einige einführende Worte, insbesondere über das Aufsehen, das *Eichmann in Jerusalem* erregt hat).

1. Frage: Worauf ist die Leidenschaftlichkeit der Auseinandersetzung zurückzuführen, zumal ja ein Teil der

Thesen, die in Ihrem Buch vertreten, und ein Teil der Überlegungen, die darin angestellt werden, schon andernorts – von Ihnen selbst, von Dritten – vorgetragen worden sind,[16] ohne auch nur annähernd dieses Maß von Erregung zu provozieren?

2. Frage: Gibt es bestimmte psychologische oder auch soziologische Voraussetzungen, die den Wortführern von Polemik bzw. Kritik gegen das Buch gemeinsam sind? Handelt es sich vorwiegend um Vertreter des sogenannten jüdischen Establishment?

Oder stoßen wir hier – weit allgemeiner – auf jenes Phänomen, das man bei uns mit dem nicht gerade glücklichen Ausdruck »Unbewältigte Vergangenheit«[17] umschreibt, und das, wie man zu Recht bemerkt hat, für das Judentum ein nicht geringeres Problem darstellt?

3. Frage: In diesen Tagen ist nun im Piper-Verlag die deutsche Ausgabe von *Eichmann in Jerusalem* erschienen. Es ist verschiedentlich davon abgeraten worden, das Buch hierzulande zu veröffentlichen.[18] Was meinen Sie dazu und haben Sie Korrekturen, Erweiterungen oder auch Kürzungen im Hinblick auf die deutsche Leserschaft vorgenommen?

II. Kritik an der Prozeßführung

1. Frage: Eines der zentralen Themen Ihres Buch (und zugleich eines der Themen, an denen der Streit sich entzündete) war die Kritik, die Sie am Verhalten des Staatsanwalts [Gideon Hausner] und damit zugleich an den politischen Absichten übten, die der damalige Premierminister Ben Gurion mit dem Prozeß verband. Beide wollten, so haben Sie betont, mit diesem Prozeß eine

Lektion erteilen. Indem der Oberstaatsanwalt Hausner nicht primär die Taten Eichmanns, sondern die Leidensgeschichte der Juden »seit Pharao und Haman«[19] bis hin zu Hitler, Heydrich und Eichmann zur Sprache brachte, sollte vor allem den Juden in aller Welt demonstriert werden, zu welchem Ende das Leben in der Diaspora führt und daß ein Jude nur in Israel sicher leben könne.

2. Frage: Über den Angeklagten selbst und den Eindruck, den Sie von ihm während Ihres Aufenthalts in Jerusalem gewonnen haben, werden wir noch sprechen. Ohne auf die besondere Psychologie Eichmanns einzugehen, kann man doch schon hier fragen: Eichmann hat immer wieder betont, im Sinne der Anklage unschuldig zu sein. Meinen Sie, er habe sich in diesem Bewußtsein bestärkt gefühlt, weil die Anklage in so breitem Umfang Sachverhalte zur Sprache brachte, die mit seiner Tätigkeit nichts zu tun hatten?

3. Frage: In zahlreichen Stellungnahmen zu Ihrem Buch, die mir vorlagen, taucht immer wieder der Vorwurf auf, Sie, Frau Arendt, hätten die Opfer kritisiert, weil sie keinen Widerstand geleistet hätten. Tatsächlich jedoch haben Sie darauf hingewiesen, daß keine nichtjüdische Gruppe und kein anderes Volk sich unter gleichen Umständen anders verhalten habe, und Sie haben die auf das Widerstandsproblem abzielenden Fragen des Oberstaatsanwalts »töricht und grausam«[20] genannt. Ihre Ansicht ist vielmehr, daß diese Fragen nur ein Scheinprospekt darstellten, hinter dem die weit gravierendere Frage nach der Rolle der jüdischen Führerschaft in den einzelnen europäischen Ländern angesichts der Katastrophe verborgen werden sollte. Dies ist denn auch der am heftigsten umstrittene Teil Ihres Berichts, obwohl er dem

Umfang nach vergleichsweise wenig Raum einnimmt.[21] Anstoß erregt hat insbesondere der Satz, die Zusammenarbeit der jüdischen Führerschaft mit den Funktionären des Massenmordes sei »das dunkelste Kapitel in der ganzen dunklen Geschichte«.[22]

III. Die Kooperation

1. Frage: Zwischen Widerstand auf der einen, Zusammenarbeit auf der anderen Seite gibt es gewiß eine Skala von Verhaltensmöglichkeiten. Ist es denkbar, daß Sie diese Möglichkeiten überschätzt haben?

2. Frage: Heftige Kritik ausgelöst hat auch Ihre Behauptung, ohne die Zusammenarbeit hätten nicht viereinhalb bis sechs Millionen Juden, sondern weit weniger ermordet werden können.[23] Tatsächlich ist dieses Vorbringen, wie Sie selbst andeuten, schwer beweisbar. Stehen Sie, nach allen Kritiken, die dieser Satz ausgelöst hat, weiter dazu, oder haben Sie ihn nur deshalb unverändert in die deutsche Ausgabe übernommen, weil Sie an der ursprünglichen Fassung des Buches keine Korrekturen vornehmen wollten?

3. Frage: Man hat bemängelt, daß Sie den Motiven der jüdischen Führer für die Kooperation wenig Aufmerksamkeit gewidmet hätten. Vor allem wurde darauf hingewiesen, daß die von Ihnen geforderte völlige Passivität dem jahrhundertealten Erfahrungssatz des europäischen Judentums widersprochen hätte, wonach erst die weitgehende Anpassung, eben die »Kooperation«, einen gewissen Spielraum der Freiheit sicherte. Hat der generationenalte Assimilationswille nicht jede Fähigkeit zu oppositionellen Haltungen (wie es ja auch die völlige Passivität gewesen

wäre) verkümmern lassen, so daß man eher bereit war, zu erdulden als zu widerstehen?

4. Frage: Ist es vielleicht so, daß Sie von den Juden mehr als von anderen verlangten, ein höheres Maß an Übersicht, Klugheit, an Moral? Ist also Ihr Buch möglicherweise u. a. das Resultat der Enttäuschung darüber, daß die Juden sich den Nationalsozialisten gegenüber nicht anders verhielten als die übrigen Opfer?

5. Frage: Muß man nicht sagen, daß die jüdischen Führer, die kooperierten, nicht voraussehen konnten, was geschah; und als es geschah, als sie von dem Massenmorden Kenntnis erhielten, sich wider alles Wissen verhalten durften, weil das Berichtete wider alles Wissen und so unglaubwürdig war, daß die Weigerung, es zu akzeptieren, durchaus verständlich erscheint?

IV. Der Angeklagte

1. Frage: Einer der entscheidenden Gesichtspunkte ist wohl: der Totalitarismus war mit allen Erscheinungen, die er im Gefolge hatte, etwas gänzlich Neues, Unerhörtes, jenseits aller Erfahrung. Die Organisationsmethoden, Funktion und Zielsetzung des Terrors, der Begriff des »objektiven Gegners« – all das und vieles anderes war so neuartig, daß die Verwirrung, die es auslöste, die Hilflosigkeit, die es erzeugte, durchaus begreiflich waren. Ein Widerschein dieser Unfähigkeit, sich auf den gänzlich andersartigen Charakter totalitärer Erscheinungen einzustellen, begegnet uns, wie ich glaube, in den Reaktionen, die sich auf das von Ihnen entworfene Bild des Angeklagten gezeigt haben. Der Untertitel Ihres Buches, der ja ebenfalls viel Kritik und alle möglichen kritischen

Wortspielereien ausgelöst hat, lautet: »Ein Bericht über die [von der] Banalität des Bösen«.

2. Frage: Unter Hinweis auf einige kritische Äußerungen zu diesem Punkt haben Sie betont, daß Sie lediglich Ihren Eindruck von der Person dieses einen Menschen Eichmann wiedergegeben hätten.[24] Tatsächlich ist er, das kann man sagen, nicht nur eine Einzelerscheinung, vielmehr im Typenkatalog jener Zeit eine durchaus repräsentative Figur. Die Übereinstimmungen, die sich im psychologischen Grundmuster und schließlich bis in biographische Details hinein zu einem Manne wie Rudolf Höß[25] oder etwa auch den Angeklagten im gerade stattfindenden Auschwitz-Prozeß[26] ergeben, sind in der Tat überraschend. Gemeinsam ist ihnen allen eine niederschmetternde Belanglosigkeit, bar aller Dämonie, die dem Bösen nach traditioneller Vorstellung anhaftet. Dies zu begreifen ist offenbar nicht leicht und selbst dem Gericht in Jerusalem nicht gelungen. Wenn es so ist, daß hier das Böse sich in gänzlich neuer Form präsentiert, versagen dann auch die herkömmlichen Kategorien von Gut und Böse, Schuld und Nichtschuld? Und wie wäre das Wesen des Bösen auf dem Hintergrund dieser Erfahrung zu sehen?

3. Frage: Wenn es tatsächlich so ist, daß das Böse sich heute nicht in außergewöhnlichen Erscheinungen manifestiert, daß kein Cesare Borgia[27] dazu vonnöten, sondern schon ein Eichmann oder Boger[28] ausreichend ist, so heißt das ja doch zugleich, daß damit die Möglichkeiten des Bösen unendlich erweitert worden sind, daß es immer und zu jeder Zeit und gewissermaßen selbst vom Nachbarn, vom Tabakhändler an der Ecke usw. zu gewärtigen ist. Meinen Sie, daß im Widerstand gegen diese

These nicht nur die herkömmlichen, eher romantischen Klischeevorstellungen vom Bösen wirksam sind, sondern daß hier auch ein instinktives Sicherheitsverlangen rebelliert, das sich mit dem von Ihnen implicite behaupteten Ende einer moralisch eindeutigen Welt, in der das Böse die Ausnahme und sozusagen auf den ersten Blick identifizierbar ist, nicht abfinden will?

4. Frage: Man hat behauptet, Sie hätten Eichmann – möglicherweise unbeabsichtigt – entlastet.[29] Dieses Mißverständnis beruht zweifellos auf dem erschreckenden Mißverhältnis zwischen Täter und Tat. Man meinte offenbar, indem Sie Eichmann »verkleinerten« (was er ja doch tatsächlich selbst besorgt hatte), verkleinerten Sie sein Tätertum, seine Verantwortlichkeit, seine Schuld. Worin bestand Eichmanns Schuld?

5. Frage: Damit noch einmal zurück zum Prozeß: Es ist doch zu fragen, ob der Oberstaatsanwalt Hausner und Ben Gurion mit der bemühten Aufwertung Eichmanns nicht nur das komplizierte Geflecht totalitärer Herrschaftspraxis verkannten, sondern auch auf dem taktisch-politischen Feld, dessen Bedürfnissen mit dieser Aufwertung ja doch gedient werden sollte, einen möglicherweise folgenschweren Fehler begingen. Wenn Eichmann wirklich »der Motor«, der Hauptschuldige war, dürfen sich dann nicht die vielen anderen, die in nicht wesentlich geringerem Maße schuldig geworden sind, noch weitgehender als ohnehin schon entlastet fühlen? Wenn alle Schuld Eichmann traf, dann war sie mit ihm folglich auch aus der Welt.

Und umgekehrt: Je bedeutungsloser Eichmann war, desto mehr erweitert sich der Kreis der Mitschuldigen zur Komplicenschaft schließlich fast aller Deutschen, oder doch eines erheblich großen Teils. (Eichmann selbst hat ja bemerkt, nichts habe so sehr zur Beruhigung seines Gewissens beigetragen wie die Tatsache, daß er weit und breit niemanden entdecken konnte, der gegen die »Endlösung« gewesen wäre.[30])

6. Frage: Das führt zu der Frage, welche Wirkungen das Buch in Deutschland haben könnte. Eichmann hat in einer Verhandlung davon gesprochen, daß sein idealistisches Wollen, sein Gehorsam, seine Pflichttreue in ihm eine »Art Pilatusscher Zufriedenheit« hervorgerufen hätten, »ich fühlte mich – so fuhr er fort – bar jeglicher Schuld«.[31] Auch darin repräsentiert er einen Typus, dem [den] wir im öffentlichen Leben in der Bundesrepublik, teilweise bis hinauf in hohe Staatsämter, antreffen.

V. Schluß

Sie haben betont, Ihr Buch handle von der Totalität des moralischen Zusammenbruchs[32] unter der Herrschaft Hitlers, und zwar in allen Ländern. George Lichtheim hat in einem Artikel zum Fall Eichmann den furchtbaren Satz geschrieben: »Auf die Frage, weshalb nicht mehr Juden gerettet wurden, muß die Antwort einfach heißen: weil es niemanden genügend gestört hat, daß sie ermordet wurden.«[33]

Indessen hat es Ausnahmen gegeben. Die Passagen, die davon handeln, gehören zu den eindrucksvollsten Ihres Berichts. In einigen Stellungnahmen wurde denn auch die Ansicht vertreten, daß *Eichmann in Jerusalem* ein Essay über individuelle Verantwortung sei.[34] In eben dem Maße, in dem Eichmann den Typus des Menschen ohne humanes Verantwortungsgefühl darstellt, bewiesen beispielsweise die Dänen[35] oder der deutsche Feldwebel Anton Schmidt[36], was der Einzelne, als Individuum, gegen die mörderischen Zumutungen eines totalitäten Regimes ausrichten kann. Auf die rhetorische Frage so vieler unempfindlichen Gewissen »Was hätten wir denn tun können?« erteilten sie die Antwort.

(Schlußfrage oder Schlußbemerkung) Sie haben verschiedentlich in Ihren Arbeiten bemerkt, daß die durch den Totalitarismus nationalsozialistischer oder bolsche[wi]stischer Provenienz ausgelöste Krise weder mit dem Ende des einen noch mit dem möglichen Ende des anderen überwunden sein werde. Sie haben einmal sogar die Erwartung ausgesprochen, daß die wirklichen Probleme sich dann erst zeigen würden.[37] Die Opfer beklagen, das ist eine Sache, und sie verbindet alle, die sich Vorstellungsvermögen für menschliche Not und Mitgefühl bewahrt haben; eine andere Sache dagegen ist es, darüber nachzudenken, wie die Wiederholung solcher Geschehnisse vermieden werden könne. Vielleicht liegt hier die eigentliche Ursache für den Streit, der um Ihr Buch entstanden ist. Es gibt in dieser furchtbaren Geschichte der planmäßigen Ermordung des europäischen Judentums eine Wahrheit des Gefühls, die verlangt, daß an den Opfern keine Kritik geübt werde, daß sie gewissermaßen nicht um die Gerechtigkeit ihres Leidens betrogen werden. Aber diese Wahrheit ist ganz und gar ohnmächtig und stellt für die Zukunft keine Urteilsmöglichkeiten und Bewährungskräfte zur Verfügung. Daneben gibt es die objektive Wahrheit; sie fordert Rationalität, nüchterne Bewertung der Vorgänge, eine gewisse Schonungslosigkeit in der Erforschung der Ursachen für diese Katastrophe; eben deshalb ist sie in der Lage, uns intellektuell und moralisch sicher zu machen. Die Redaktion der Zeitschrift *New Yorker*, in der Ihr Bericht zunächst in 5 Fortsetzungen erschien, hat die Lehre, die *Eichmann in Jerusalem* enthält, in einer einleitenden Bemerkung so umschrieben: »Hannah Arendt zeichnete die Verhaltensweisen von Individuen und Nationen auf und fand in ihrer Geschichte eine Moral für die Deutschen, für die Bürger anderer westlicher Staaten und für die Juden – in dieser Reihenfolge der Verantwortlichkeit: es ist böse, aktiv oder passiv in das Böse einzuwilligen, als sein Instrument, sein Beobachter oder als sein Opfer.«[38]

(4) Hannah Arendt an Joachim Fest, 6. September 1964

Basel, den 6. September 1964

Sehr geehrter Herr Dr. Fest!

Ich habe Ihre Fragen mehrere Male mit der grössten Aufmerksamkeit gelesen, und ich danke Ihnen sehr. Sie stellen in der Tat eine nahezu vollständige Aufzählung der gegen das Buch erhobenen Einwände dar unter Weglassung der persönlichen Invektiven. Aus Ihrem Brief ersehe ich, dass Sie dies für Ihre Aufgabe hielten, nämlich mir Gelegenheit zu geben, »alle teils hierzulande schon geäusserten bzw. zu erwartenden Einwände abzuwehren«. Leider beruht dies auf einem Missverständnis; ich hatte niemals die Absicht, mich zu verteidigen – was ich natürlicherweise tun würde, wenn ich auf Ihre Fragen in dieser Form eingehen würde. Dies ist zu einem Teil von anderen bereits geschehen,[39] einige der Einwände beantworten Sie selbst, und auch die anderen erledigen sich unschwer aus der Lektüre des Buches. Es stimmt, dass die Fragen, die Sie anschneiden »in Amerika wirklich erschöpfend diskutiert worden sind«, aber dies sind ja fast alles Fragen, die mit meinem Buche sehr wenig zu tun haben, also gerade nicht die Probleme, die ich selbst aufgeworfen sehen möchte. Eine ernste Diskussion des Buches ist durch diese Einwände unsachlicher Art – sie betreffen, wie ich zu sagen pflege, ein Buch, das niemals geschrieben wurde – eher verhindert worden. Wollte ich diesen »Einwänden« entgegentreten, so müsste es m. E. in einer Art Generalattacke geschehen, das genaue Gegenteil einer Verteidigung, in der ich dann die nicht sehr schöne Geschichte dieser Affäre (denn das ist sie wirklich) aufrollen müsste – wofür ein Rundfunkgespräch sicher nicht der geeignete Anlass wäre. Im Grunde teile ich die Meinung meiner amerikanischen Freunde, vor allem auch des Verlegers[40] und des von mir sehr hoch geschätzten Redakteurs des New Yorkers[41], dass sich derartige Dinge entweder von selbst erledigen oder von anderen, nicht von mir, zurückgewiesen werden müssen.

Nun tut es mir natürlich furchtbar leid, dass Sie sich die grosse Arbeit umsonst gemacht haben. Es ist mir nicht klar, wie das Missverständnis – denn um ein solches handelt es sich zweifellos – entstanden ist. Ich stimmte dem Gespräch mit Ihnen zu, weil ich nach Lektüre Ihres Buches[42] dachte, wir haben gemeinsame Interessen, sehen viele Dinge in einem ähnlichen Licht, es sollte Sachen geben, über die wir uns mit Gewinn unterhalten können. Es sollte eine Unterhaltung sein, von Ihnen geführt, aber nicht ein Interview; eben ein Gespräch. Nun warte ich ab, was Sie meinen, ob wir die Sache abblasen wollen oder ob wir noch im letzten Moment das Ganze auf ein rein sachliches Gespräch umstellen können, also auf eine neue Grundlage: Wir gehen nicht aus von Einwänden gegen mein Buch, sondern von Problemen, zu denen wir beide etwas zu sagen haben.

Im Moment fallen mir beispielsweise folgende Themen ein, deren Erörterungen Sie jeweils durch eine Frage beginnen würden:

1. Wie steht es eigentlich um diese Prozesse, den in Jerusalem und die ganze Reihe der jetzt in Deutschland laufenden? Was wird mit ihnen erzielt? Welche Reaktionen lösen sie aus?

2. Wie kann man den Verbrechertypus oder die Verbrechertypen umschreiben, die in ihnen zur Aburteilung kommen? Vergleich Eichmanns mit den Angeklagten im Auschwitz-Prozess[43] einerseits, mit Heydrich[44] andererseits.

3. Wie weit kann man Menschen, die unter totalitären Bedingungen leben, noch Verantwortung zumuten? (Judenräte auf der einen Seite, Beamte vom Typ Globkes[45] auf der anderen.)

4. Wie steht es eigentlich um das alte Wort in diesem Zusammenhang: Es ist besser Unrecht zu leiden als Unrecht zu tun?[46]

5. Ich spreche in dem Buch von Völkermord anstatt von »Verbrechen gegen das jüdische Volk«. Völkermord wäre ein Verbrechen an der Menschheit. Genügt dieser Begriff? Wird das Spezifische dieser Vorgänge nicht eher durch den Ausdruck »Verwaltungsmassenmord«[47] gedeckt? Ist die Rolle der Bürokratie nicht entscheidend?

6. Falls wir auf die Polemik zu sprechen kommen – was wir u. a. auch können, nur nicht als Hauptthema! –: diese Polemik ist zugestandenermassen von jüdischen Interessenorganisationen in Gang gesetzt worden. Daraus ergibt sich die Frage (eine sehr ernste Frage): Soll man die Wahrheit sagen, auch wenn sie mit bestimmten legitimen Interessen in Konflikt gerät. Oder – im gleichen Sinne –: gesetzt das Buch hätte eine »schlechte« Wirkung in Deutschland, wäre das ein Grund, es in Deutschland nicht zu publizieren?

Sie sehen, was ich meine. Dies sind nur Vorschläge, in keiner Weise bindend. Der Inhalt des Gespräches müsste jedenfalls von den Sachen selber ausgehen, nicht von der oft höchst unsachlichen Polemik.

Wir könnten allenfalls das Gespräch versuchsweise auf Tonband aufnehmen lassen und am Ende, wenn es uns nicht gefällt, doch noch auf das Ganze verzichten oder Partien herausschneiden lassen. Natürlich können wir auch gleich jetzt verzichten. Es täte mir leid, ich hoffe, ich habe dann doch die Gelegenheit, Sie kennen zu lernen.

Falls es Ihnen aber möglich scheint, auf meine Vorschläge einzugehen,[48] würde ich vorschlagen, dass Sie die aufeinander folgenden Fragen schriftlich fixieren; sie müssen nicht unbedingt zusammenhängen. Wir sprechen uns dann mündlich, und ich werde ebenfalls kurz skizzieren, was ich zu sagen gedenke. Aber eine durchgehende schriftliche Fixierung bis ins einzelne, scheint mir, würde die Lebendigkeit des Gesprächs stören und auch uns überflüssige Mühe machen.

Sie erreichen mich bis zum 14. bei Jaspers, am frühen Morgen oder späten Abend im Hotel International, falls

Sie telephonieren wollen. Am 14. abends bin ich in München, Hotel Continental, danach, ab 16. in Frankfurt, Hotel Preussischer Hof.

Mit freundlichsten Grüssen
Ihre
[Hannah Arendt]

(5) Joachim Fest an Hannah Arendt, 10. September 1964

Kampen/Sylt, den 10.9.1964

Sehr verehrte Frau Dr. Arendt!

Das ist ja tatsächlich ein sehr dummes Mißverständnis, aber – um das sogleich vorwegzunehmen – keines, das sich nicht bereinigen ließe. Unglücklicherweise war ich zwei Tage von hier abwesend und fand daher erst heute Ihren Brief vor. Seit die Frage des Rundfunkgesprächs vom Verlag an mich herangetragen wurde, mußte ich aufgrund der mir gemachten Mitteilungen davon ausgehen, daß beabsichtigt sei, was Sie, wie ich jetzt sehe, gar nicht wünschten: zwar keine »Selbstverteidigung«, aber doch erweiterte Begründung gewisser in dem Buch dargestellter Zusammenhänge mit dem Ziel, zu erwartende Mißverständnisse oder auch Fehlinterpretationen von vornherein aufzufangen und Sie vom Beifall der falschen Seite zu verschonen. Sowohl in meinem ersten Telefongespräch mit Herrn Piper als auch später in ein oder zwei Unterhaltungen mit einem seiner Mitarbeiter gewann ich den bestimmten Eindruck, daß das Bestreben dahin ginge, Ihnen jene Publizität zu verschaffen, die den Gegnern Ihres Buches und zum nicht geringen Teil wohl doch auch Ihrer Person hierzulande bereits eingeräumt worden ist;[49] dies alles aber immer unter Berücksichtigung der hauptsächlichen in der Auseinandersetzung vorgetragenen Argumente. Und zum anderen: Auch mir gefiel der Gedanke nicht sonderlich, ein in den Fragen so weitgehend vorbereitetes »Gespräch« zu führen, das zwangsläufig sehr stilisiert wirken muß; aber auch dies begriff ich als Ihren Wunsch, der mir angesichts des heiklen Themas nicht ganz unbegründet erschien. Ich bin daher sehr einverstanden mit Ihrem Vorschlag, unsere Unterhaltung weitgehend frei zu führen.

Was den neuen Rahmen für das Gespräch angeht, so deuten Sie selbst bereits an, daß wir auch die Frage der um das Buch entstandenen Polemik[50] aufgreifen können. Ich glaube, wir sollten das tun, ohne diesen Komplex zum zentralen oder einzigen Thema machen zu wollen. Denn zweifellos können wir darüber nicht einfach hinweggehen, ein jeder, der davon gehört hat, erwartet – und das wohl mit Recht –, daß wir davon sprechen. Und diejenigen, die nichts oder nur Ungenaues darüber wissen, sollten informiert sein, worum es geht, wenn wir (was unvermeidlich ist) im Verlauf des Gesprächs mit einem Satze darauf Bezug nehmen. Daher wäre es wohl am sinnvollsten, wenn wir gleich zu Beginn so knapp und umfassend wie möglich darauf eingingen. Ich hoffe, dieser Vorschlag findet Ihre Billigung. Er ist unabhängig davon, daß Ihre Auffassung, die in diesem Zusammenhang gegen Sie bzw. das Buch gerichteten Vorwürfe müßten von anderen zurückgewiesen werden, mich durchaus überzeugt.

Auf dem beiliegenden Bogen habe ich nun einige Punkte (nicht konkrete Fragen) formuliert, über die wir uns unterhalten sollten. Um uns nicht im Uferlosen zu verlieren, sollten wir dem Gespräch einen Kern geben: die Figur des Angeklagten als neuartigem Verbrechertypus, »sein« Verbrechen (dies allerdings weniger ausführlich) sowie einige Fragen, die sich daraus ergeben. Wollen wir versuchen, hier gewisse Markierungen vorzunehmen? Ich habe jedenfalls einmal, in der gebotenen Eile, einige Komplexe notiert – ohne Anspruch auf Vollständigkeit, aber auch ohne daß sich für uns die Notwendigkeit ergibt, dies alles zu erörtern. Wir können in Frankfurt bzw. in Baden-Baden über Zusätze, Weglassungen etc. sprechen.

Ich hoffe sehr, verehrte Frau Arendt, daß dieser Brief Sie noch in Basel erreicht. Ich will versuchen, Sie am Sonntag abends in Basel telefonisch zu erreichen, um mich darüber zu vergewissern. In einer Woche sehen wir uns dann in Frankfurt.

Mit freundlichen Grüßen
Ihr
Joachim Fest

Anlage zu Brief Nr. 55[1]

1) Die Auseinandersetzungen über *Eichmann in Jerusalem.* Worauf zurückführbar, zumal ja einige der darin vertretenen Ansichten schon anderweitig vorgetragen wurden, ohne ein vergleichbares Maß an Erregung zu verursachen?

2) Besteht ein Zusammenhang zwischen dem Eich-

mann-Prozeß und den sog. KZ-Prozessen in Deutschland?

Sind die Reaktionen in Israel und Deutschland vergleichbar?

3) Diese Prozesse haben (wie z. T. ja auch schon die Nürnberger Prozesse) einen neuen Verbrechertypus sichtbar gemacht.

Merkmale, Gemeinsamkeiten (Lebenslauf, Fehlen jeder »Dämonie«, Teilnahmslosigkeit gegenüber dem Geschehen, Mangel an Vorstellungsvermögen, Selbstmitleid, Autoritätshunger, aber auch sprachlicher Stil etc.)

Hatte dieser Typus eine Ideologiebeziehung? Was waren seine Motive?

4) Was bedeutet »Banalität des Bösen«?

5) Sind Eichmann, Höß, Boger etc. spezifisch »deutsche« Erscheinungen?

6) Das Problem von Eid, Befehl, Gehorsam. Ist die Berufung darauf bloße Ausflucht? Steckt mehr dahinter?

7) Wie weit kann man Menschen, die unter totalitären Bedingungen leben, noch Verantwortung zumuten? Judenräte auf der einen, Beamte vom Typ Globke auf der anderen Seite?

8) Welche Möglichkeiten gibt es, in einem totalitären Regime ohne Schuld zu bleiben? Wie kann, wer kein »Held«, aber auch kein Verbrecher ist, vom Vorwurf verschont bleiben? Was bedeutet in diesem Zusammenhang das Problem der Mitwisserschaft?

9) Die Rolle der Bürokratie beim Massenmord. Was bedeutet das für den einzelnen? Inwieweit verflüchtigt sich das Schuldbewußtsein (bzw. Unrechtsbewußtsein) im Instanzenzuge? Verdunkeln die je und je partiellen Zuständigkeiten die Möglichkeit moralischer Einsichten?

Kommt man noch mit dem alten einfachen Satz zurecht, es sei besser, Unrecht zu leiden als Unrecht zu tun?

10) Inwieweit entspricht der Typus Eichmann dem herkömmlichen Mörderbegriff? Ist er nicht weniger Mörder als vielmehr Funktion in einem Mordapparat? Muß der Begriff neu definiert werden. Begründet die Teilverantwortung, die dieser Typus hatte, ungeteilte Schuld?

11) Können die geltenden Rechtsnormen erfassen, was hier verantwortet werden muß?

Ist Gerechtigkeit noch gewährleistet?

Um welche Art von Verbrechen handelt es sich?

12) Die Ausdehnung der Haftung auf den Schreibtischmörder bedeutet eine Qualifizierung des Schuldbegriffs. Inwieweit unterscheidet sich das mittelbare Tätertum eines Eichmann vom mittelbaren Tätertum beispielsweise eines NS-Intellektuellen, eines NS-Propagandisten? Oder eines Beamten, Industriellen? Denn auch sie hatten ihre nicht fortzudenkende Funktion in der Mordapparatur des totalitären Systems. Wo liegt die Grenze zwischen rechtstechnisch greifbarer Schuld und Gewissensvorwurf?

13) Das Problem von totalitärer Moral und Gewissen.

Wie steht es mit dem menschlichen Urteilsvermögen unter einem totalitären Regime? Worauf kann es sich stützen? Begründet mangelndes Urteilsvermögen Schuld? Was hat es mit dem »Idealismus« auf sich, den viele Deutsche immer noch für sich in Anspruch nehmen? Bis zu welcher Grenze kann man die Ideologisierung des Widerspruchs zur geltenden Moral hinnehmen, ohne von Schuld zu sprechen?

14) Die Begriffe »Gut« und »Böse« gehen von identischen moralischen Überzeugungen aus. Was jetzt? Ist

die Identität des moralischen Grundempfindens in der Welt wiederhergestellt?

15) Ist der Mangel an Urteilsvermögen, der in der Haltung gegenüber den vom NS-Regime gezeitigten Tatbeständen immer wieder deutlich wird, nicht eine der (weltweiten) Folgen der Verwirrung aller Moralbegriffe durch die »gegenläufige« totalitäre Moral?

16) Sie haben darauf hingewiesen, daß der Eichmann-Prozeß die Totalität des moralischen Zusammenbruchs im Herzen Europas sichtbar gemacht habe. Bezeugt die Reaktion auf Ihr Buch (Leugnung dieses Zusammenbruchs einerseits, Totalschuldbekenntnisse andererseits) nicht gerade, was Sie zu beweisen versuchten? Welche Reaktion haben Sie erwartet? Welche erhofft?

17) Der Widerstand gegen die in Ihrem Buch dargestellten Zusammenhänge hat viele Motive, darunter gewiß auch solche, die Respekt verdienen. Daraus ergibt sich die Frage: Soll man die Wahrheit sagen, auch wenn man mit bestimmten legitimen Interessen und Gefühlen in Konflikt gerät?

18) Welche Folgerungen ergeben sich aus der Tatsache, daß Eichmann kein Ungeheuer war?

Ist der Widerstand gegen dieses Bild vielleicht auch darauf zurückzuführen, daß es uns um die Möglichkeiten zu pathetischer Entrüstung bringt? Wie sicher dürfen wir uns noch fühlen?

19) Man hat vielfach davon abgeraten, *Eichmann in Jerusalem* in Deutschland zu veröffentlichen. Man sprach von negativen Wirkungen auf das öffentliche Bewußtsein. Worin könnten diese negativen Wirkungen bestehen? Soll man sie gegebenenfalls fürchten? Und was könnte das Buch in Deutschland positiv bewirken?

(6) Joachim Fest an Hannah Arendt, 8. Januar 1965

[Hamburg, den] 8-1-65

Liebe Frau Arendt,

ich wollte das neue Jahr eigentlich nicht beginnen lassen, ohne Ihnen zu dessen Beginn meine herzlichsten Grüße zu schicken – und nun ist doch schon eine Woche davon vergangen. Bitte, haben Sie Nachsicht – es hängt damit zusammen, daß ich eine zusätzliche Aufgabe beim Fernsehen übernommen habe, die mir viel Arbeit macht. Was Sie auf der Innenseite der Karte sehen, ist eine Zeichnung meines 3½-jährigen Sohnes, die ich lustig genug fand, um sie lithographieren zu lassen. – Was Ihr Buch angeht, so ist die publizistische Reaktion merkwürdig blaß[52] – ich glaube, das hängt etwas mit der Sprachlosigkeit darüber zusammen, daß es darüber einen solchen Aufruhr gab; jedenfalls ist dies das Urteil von zahlreichen Freunden und Bekannten. Im Grunde, so finde ich, ist dies eine ganz vernünftige Reaktion. Auch Ihre These, der Schwache sei am mächtigsten allein,[53] fand erst kürzlich, in einem Gespräch, das ich mit jüngeren Leuten hatte, sehr viel Verständnis. Ich war vom Niveau dieser Unterhaltung übrigens sehr beeindruckt.

Lassen Sie sich's, liebe Frau Arendt, gut gehen, ich denke immer mit großer Freude an unsere Begegnung zurück und hoffe, daß wir uns bald einmal wiedersehen.

Sehr herzlich
Ihr Joachim Fest

(7) Joachim Fest an Hannah Arendt, 2. Dezember 1969

Hamburg, den 2. Dezember 1969

Liebe und verehrte Frau Arendt,

Sie werden sich möglicherweise wundern, von mir ein Schreiben unter diesem Briefkopf[54] zu erhalten. Es ist so lange her, seit wir zuletzt voneinander gehört haben, daß ich nicht weiß, ob Sie (beispielsweise über Helen Wolff[55]) darüber informiert sind, womit ich zur Zeit beschäftigt bin. Das Buch, zu dem Sie ja doch eigentlich den Anstoß gegeben haben, ist im Entstehen und bildet seit längerem meine Haupttätigkeit;[56] daneben habe ich im *Spiegel* die Betreuung eines Ressorts übernommen, das – beginnend mit dem bevorstehenden Jahr – für eine regelmäßige Rubrik verantwortlich ist, die vermutlich »Der Spiegel-Essay« heißen wird. Ich habe mich in der vergangenen Zeit gelegentlich immer wieder mit der Absicht getragen, Ihnen zu schreiben. Die Tätigkeit im *Spiegel* ist mir nun ein willkommener Anlaß, diese Absicht zu realisieren.

Denn ich möchte Sie, verehrte Frau Arendt, gern bitten, den Eröffnungs-Essay für den *Spiegel* zu schreiben. Was meinen Themenvorschlag angeht, so wissen Sie sicherlich, daß Anfang der dreißiger Jahre in Paris ein Buch von Pierre Viénot unter dem Titel *Incertitudes allemandes* erschienen ist, das, wenn ich recht unterrichtet bin, einiges Aufsehen erregte; es beschrieb und analysierte die prätotalitären Stimmungen und Tendenzen im Deutschland jener Jahre und gab der Demokratie des Landes keine große Chance. Ohne nun im einzelnen eine Parallele konstruieren zu wollen, bewegt, wenn ich recht sehe, viele Menschen innerhalb und außerhalb der Vereinigten Staaten gegenwärtig die gleiche Unsicherheit beim Blick auf die USA.[57] Ich brauche Ihnen die Ursachen und Gründe dieses Mißbehagens, die vielfältiger Natur und Herkunft sind und teilweise wohl auch aus gänzlich anderen Quellen stammen, gewiß nicht aufzuzählen. Das Thema und die Problematik sind Ihnen sicherlich vertraut. Und vielleicht sogar erscheint es Ihnen, nicht anders als uns, interessant und wichtig, die Situation und Bewußtseinslage der Vereinigten Staaten wie ihrer Kritiker im Lichte der einstigen Fragestellung Viénots zu prüfen.

Zum technischen Teil kurz den Hinweis, daß der Essay Ende Januar 1970 auf einer Doppelseite des *Spiegel*, das heißt auf sechs Spalten veröffentlicht werden soll. Er müßte infolgedessen etwa eine Länge von neun Schreibmaschinenseiten haben (bei ca. 30 Zeilen à 65 Anschlägen). Das Honorar beträgt DM 3000,–.

Es mag sein, verehrte Frau Arendt, daß Ihnen selbst ein anderes Thema im Augenblick näher liegt. Doch auch dann würde ich Sie bitten zu erwägen, ob Sie sich nicht für die »Incertitudes américaines« erwärmen können. Das soll indessen nicht heißen, daß wir nicht über einen Gegenvorschlag sprechen könnten. Auch muß ja das eine Thema das andere keineswegs ausschließen. Und schließlich weiß ich durchaus nicht, ob Sie den gewünschten Essay bis in die zweite Hälfte Januar fertigstellen könnten. Geben Sie mir liebenswürdigerweise ein Zeichen? Gegebenenfalls würde ich Sie auch, falls sich einige Zusatzfragen ergeben, anrufen.

Vielleicht ergibt es sich, daß ich im Laufe der ersten Hälfte des kommenden Jahres in die USA reise. Ich ließe

Sie es dann wissen. Denn unabhängig von diesen Obliegenheiten würde ich es begrüßen, wenn ich Gelegenheit hätte, mit Ihnen zugleich über diesen oder jenen Aspekt des Hitler-Buches zu sprechen. In der Tat glaube ich, auf einige Gesichtspunkte gestoßen zu sein, die in der historischen Darstellung bisher noch nicht aufgetaucht sind, und Hitler erscheint mir, je länger ich mich damit beschäftige, zusehends problematischer. Ich bin mir nicht sicher, ob er nicht jenseits des moralischen Aspekts, wo ja alles schnell eindeutig ist, einige wirkliche Fragen aufgeworfen und hinterlassen hat, auf die bis heute keine Antwort existiert. Aber ich weiß auch, daß man sich vor der Gefahr hüten muß, ihn in ungebührlicher Weise intellektuell »interessant« zu machen. Doch darüber zu reden wird sich, wenn nicht in naher Zukunft, so doch in absehbarer Zeit ganz sicherlich einmal die Möglichkeit ergeben.

Ich jedenfalls würde mich sehr darüber freuen, Sie wiederzusehen, aus diesem oder jenem Grunde, in New York oder anderswo, hoffentlich aber schon bald. Inzwischen bin ich

Mit aufrichtigen Grüßen
wie stets
Ihr Joachim Fest

(8) Hannah Arendt an Joachim Fest, 23. Dezember 1969

New York, am 23. Dezember 1969

Lieber Herr Fest,

ich habe mich sehr gefreut, endlich wieder einmal etwas von Ihnen zu hören, und es freut mich auch, dass Sie beim *Spiegel* gelandet sind, da dies ja doch die beste Möglichkeit in Deutschland ist. Gerade in letzter Zeit ist Ihr Name mehrmals hier im Hause gefallen, teils, weil ja endlich jetzt Ihr Buch bei Pantheon[58] herauskommt, und teils wegen der Speer-Memoiren[59], die mir von der *New York Review of Books* zur Besprechung ans Herz gelegt wurden und wofür ich Sie empfohlen habe. Ich kenne nur Auszüge aus dem Buch, und ich habe den Eindruck, dass der Mann zwar ganz ehrlich ist, bewundernswert ehrlich, dass aber auch er nicht imstande ist, das eigentliche Rätsel des »... wäre Hitler fähig gewesen, einen Freund zu haben, dann wäre ich der Freund gewesen (oder so ähnlich)«[60] zu erklären. Ich habe gedacht, wenn überhaupt einer das erklären kann, dann Sie. Natürlich weiss ich nicht, ob die Review of Books meinem Vorschlag gefolgt ist.

Was nun Ihren eigenen Vorschlag betrifft, so muss ich Ihnen leider einen Korb geben. Ich bin augenblicklich in ganz anderer Arbeit drin und kann mir nicht leisten, herauszuspringen.[61]

Ich hoffe, Sie kommen einmal her und wir haben dann Gelegenheit, uns miteinander zu unterhalten. Hier sind leider die Dinge augenblicklich nur allzu interessant.

Mit freundlichen Grüssen und guten Wünschen zum neuen Jahr

Ihre [Hannah Arendt]

(9) Joachim Fest an Hannah Arendt, 7. September 1970

Hamburg, den 7. September 1970

Liebe und verehrte Frau Arendt,

Ihr Brief, mit dem Sie meine Bitte um eine Mitarbeit für den *Spiegel*-Essay negativ beantworteten, liegt ziemlich lange zurück. Mehrfach hatte ich mir vorgenommen, Ihnen zu schreiben, doch kam manches dazwischen, und immer wieder einmal erwogen Herr Gaus[62] und ich die Idee einer gemeinsamen Reise nach New York, und dann wartete ich wieder ab, bis ein Termin verabredet sei, der natürlich bis heute nicht verabredet werden konnte. Ich will daher, ganz spontan und ohne besonderen Anlass, Sie nur kurz wissen lassen, daß ich nach wie vor sehr interessiert bin, einen Beitrag von Ihnen im *Spiegel* zu sehen. Ich weiß nicht, woran Sie zur Zeit arbeiten, aber wenn das Thema einen Aspekt enthält, den Sie als geeignet ansehen, dann lassen Sie es mich bitte wissen.

Die SPEER-Memoiren werden nun bei Ihnen, wie ich denke, ausgiebig diskutiert werden.[63] Wenn ich recht sehe, ist es sein Lebensproblem und zum großen Teil sein Unglück gewesen, immer beliebt zu sein – von seinem Lehrer Tessenow an über Hitler, den Hauptankläger Jackson, das Gefängnispersonal in Spandau, bis jetzt zu seinen Lesern. Der deutsche Erfolg des Buches ist sehr verständlich. Speer hat vielen, die nur immer fleißig und ordentlich und tüchtig und selbstlos gewesen waren und sich plötzlich in moralische Konflikte verwickelt sahen, das gute Gewissen zurückgeschenkt: man konnte, so scheint er zu beweisen, ein Nazi sein und doch anständig. Der sich abzeichnende Erfolg des Buches in Amerika beruht wohl auf ganz anderen Voraussetzungen.

Dies können und sollen nicht mehr als ein paar Andeutungen sein, aber sie lassen mich wünschen, daß wir bald einmal wieder Gelegenheit haben, uns zu unterhalten.

Ich hoffe, es geht Ihnen gut. Werden nicht vielleicht Sie einmal in absehbarer Zeit nach Deutschland kommen?

Die Hitler-Biographie ist zur Hälfte niedergeschrieben.

Wie stets bin ich
mit aufrichtigen Grüßen
Ihr
Joachim Fest

(10) Hannah Arendt an Joachim Fest, 14. September 1970

[New York,] den 14. September 1970

Lieber Herr Fest,

ich gratuliere zur englischen Ausgabe des »Gesichts des Dritten Reiches«, die übrigens sehr anständig übersetzt zu sein scheint.[64] Und ich gratuliere auch zur Hälfte der Hitlerbiographie. Ihr Brief kam mir gerade recht, und ich wünschte nur, dass aus Ihrer New York-Reise doch etwas geworden wäre, bzw. werden wird. Denn ich habe grosse Lust, mich mit Ihnen zu unterhalten. Der Anlass ist natürlich das Speer-Buch.[65]

Ich habe das Buch genau gelesen und bin hier mehrmals gebeten worden, es zu rezensieren. Nun lehne ich das sozusagen im Prinzip ab, aber ich hätte es in diesem Fall vielleicht doch getan, wenn nicht – ich verstehe es nicht, und ich will Ihnen kurz sagen, warum, damit wir wissen, worüber wir uns unterhalten wollen, falls wir uns doch irgendwie treffen. (Übrigens war ich in diesem Sommer drei Monate in der Schweiz und denke ich werde im Frühjahr wieder für mehrere Monate nach Europa kommen).

Ich habe dieses Buch mit Spannung erwartet und bin auch, in gewissem Sinne, nicht enttäuscht. Dies sind die ersten Memoiren von ehemaligen Nazis, in denen nicht gelogen wird. Ausserdem erfährt man gerade über Hitler eine ganze Reihe von bisher unbekannten Dingen, die wohl gerade für Sie von erheblicher Wichtigkeit sein werden. Der Grund für die Erwartung aber war ein anderer. Ich setzte voraus, dass Speer nicht lügen wird, da ich sein Auftreten in Nürnberg kenne.[66] Die Frage, deren Beantwortung man mit Spannung erwartete, war sehr einfach: Wie konnte diese Sache einem Mann passieren, der offensichtlich <u>nicht</u> in diese Gesellschaft passte? Ihre Erklärung (die ja halbwegs auch von Speer akzeptiert wird – unter Ihrem Einfluss?[67]), nämlich »Technokrat«, hat mir nie eingeleuchtet und leuchtet mir nach Kenntnis des Buches noch weniger ein.[68] Der Grund, der klar aus dem Buch hervorgeht ist, dass Speer wahrhaftigen Gottes Nazi geworden ist, weil ihm der Hitler so gut gefiel. Von Faszination zu sprechen, scheint mir aber oberflächlich. Es ist, als ob dies seine grosse Liebe gewesen ist. Und da er sechs Kinder gezeugt und eine Frau hat, die er alle miteinander offenbar liebt, fallen naheliegende Vermutungen weg. Wie aber ist gerade das möglich gewesen? Nach dem Bild, das Speer selber von Hitler zeichnet, kann ich noch die erste Faszination verstehen, als er ihn zum ersten Mal reden hörte. Ich könnte mir denken, was ihn da faszinierte, war nicht eigentlich Hitler, sondern der ungewöhnliche Eindruck, den er in den Zuhörern hervorrief – als sei er von der Faszination fasziniert worden. Nun kennt man solche Liebesgeschichten, nämlich dann, wenn Mädchen nicht eigentlich mit dem Mann, sondern mit dem Ruhm ins Bett gehen. Wie aber ist das hier möglich? Und wie ist es möglich, dass diese Bindung nicht nur 12 Jahre »näherer Bekanntschaft« durchhielt, sondern im Grunde bis auf den heutigen Tag anhält?[69]

Bittschön, sagen Sie mir nicht, dass Ähnliches ja mit einer ganzen Reihe von deutschen Intellektuellen passiert sei, denn das stimmt nicht. Diese Herrschaften hatten entweder Angst, berechtigte, und sahen sich dann verpflichtet, die Gefühle aufzubringen, die ihrer Meinung nach dazugehörten; mit anderen Worten, sie konnten es nicht über sich bringen, zynisch zu sein und damit einen Rest Charakter zu bewahren. Oder aber sie gingen ihren eigenen Einfällen in die Falle.[70] Sie sahen nicht eigentlich Hitler, sondern das, was sie sich bei Hitler vorstellten. Man kann nicht behaupten, dass sie Hitler geliebt hätten, und sie waren dann ja auch alle sehr enttäuscht, als Hitler anders war, als sie dachten. Mit ihnen hatte Speer nur eins gemeinsam, nämlich die bodenlose Verantwortungslosigkeit, sich zu engagieren, ohne *Mein Kampf* gelesen zu haben. Das haben sie alle nicht getan.

Wie gesagt, Herr Fest, dies nur, um Ihnen zu sagen, worüber ich mich mit Ihnen unterhalten möchte. Sie dürften über diese Dinge mehr wissen, als irgendwer sonst. Was Sie über Speer sagen, dass es gewissermassen »sein Unglück gewesen ist, immer beliebt zu sein,« ist eine sehr wahre Bemerkung, denn auch ich kann mir nicht helfen: Der Mann gefällt mir, nur verstehen tue ich ihn nicht.

Beitrag für den *Spiegel*: Ich glaube kaum, dass ich etwas habe, was für Sie in Betracht kommt. Woran ich zur Zeit arbeite sicher nicht – ich bin ein bisschen in die Philosophie zurückgegangen.[71] Das einzige, was aber vermutlich auch nicht in Frage kommt, ist ein längerer Essay über »Civil Disobidience«, den ich als Vortrag vor ein paar Monaten hier bei einer Juristentagung gehalten habe und der jetzt gerade im *New Yorker* veröffentlicht ist.[72] Sie können sich sicher unschwer die Nummer besorgen (12.9.). Das ist so auf amerikanische Verhältnisse zugeschnitten, dass es wohl kaum für Sie von Interesse sein wird.

Grüssen Sie Herrn Gaus, und es grüsst Sie
Ihre
[Hannah Arendt]

(11) Joachim Fest an Hannah Arendt, 5. Januar 1971

Hamburg-Kleinflottbek, 5. Januar 1971

Liebe und verehrte Frau Arendt,

es ist aus all den verschiedenen Projekten einer Reise in die Vereinigten Staaten nichts geworden, und so will ich jetzt einfach, um die Sache nicht länger hinauszuschieben, Ihnen auf Ihren Brief antworten – was ich nicht ohne einen Seufzer tue, da ich fürchte, wir werden in der Speer-Sache brieflich doch nicht zum Ende kommen, aber vielleicht doch etwas weiter.

Ihre Einwände sind mir begreiflich, und was Sie als unbeantwortet bezeichnen, ist es bis zu einem gewissen Grade auch.[73] Ich habe während der vielen Zusammenkünfte, die ich mit Speer hatte, immer wieder versucht, herauszubekommen, wie er sich selber in dieser Umgebung gesehen hat. In der Tat ist ja sehr einfach zu begreifen, wie er an Hitler und die ganze Gang geraten ist; unsere Verblüffung resultiert ja wohl eher daraus, daß es so lange dauerte, bis er innerlich Abstand gewann. (Auch da hat man übrigens den Eindruck, er habe die Amoral des Regimes erst entdeckt, nachdem Hitler ihn desavouiert, persönlich enttäuscht und zur Hälfte fallengelassen hatte.) Aber Speer konnte die insistierenden Fragen sowohl von Herrn Siedler als auch von mir zu keinem Zeitpunkt wirklich befriedigend beantworten.[74] Einmal, als wir ihn nach einem Spaziergang von mehreren Stunden, sehr in die Enge gedrängt hatten, äußerte er mit einer sehr naiven, selbstbezichtigenden Geste: »Ach, Sie glauben nicht, in welchem Rausch und welcher Gedankenlosigkeit ich damals lebte!«

Nun sind solche moralischen Antworten immer letzte Antworten und deshalb überaus unbefriedigend. Auch ich selber rücke, nach Kennenlernen der Person, etwas von meiner ursprünglichen These ab, er habe nur als Technokrat agiert. Aber ich glaube weiterhin, daß ihm die Managerei doch lange Zeit als eine Art Rauschmittel diente.

Er ist ja wohl auch, anders als Sie schreiben, nie Nazi geworden. Aus diesem Grunde auch hat er nie *Mein Kampf* gelesen. Faszination hin, Faszination her: was für Speer zählte, war immer nur die persönliche Beziehung zu Hitler. Sicherlich war da ein stark homoerotisches Element im Spiel. Ich schrieb Ihnen wohl schon, daß meiner Auffassung nach seine Tragik gewesen sei, immer beliebt zu sein. Und fataler noch ist, daß er gleichzeitig immer beliebt sein wollte. Er war einfach zu schwach, der emotionalen Offerte Hitlers zu widerstehen. Außerdem war zweifellos das Bedürfnis im Spiel, geehrt und ausgezeichnet zu sein, über atemraubende Möglichkeiten zu verfügen, im Dunstkreis von Macht sich aufzuhalten; auch selber Macht zu haben. Speer war doch nie der weltfremde Fachmann, der idealische Träumerhans, als den ich ihn zeitweilig auch sah; vielmehr waren diese Züge vermischt mit einem sehr derben Ehrgeiz, einem ausgepichten Erfolgshunger, und bezeichnenderweise kann er in seinem Buch nicht ganz ein Gefühl verspäteten Stolzes darüber unterdrücken, daß Hitler ihn zeitweilig als Nachfolger ins Auge gefaßt haben soll – was ich persönlich übrigens für fraglich halte oder doch wirklich nur für eine Stimmungsäußerung. Als uns einmal während der Arbeit ein Dokument in die Hände fiel, in dem sein Mitarbeiter Saur[75] irgendeinem Wirtschaftsmenschen barbarische Konsequenzen für den Fall androhte, daß irgendwelche Pannen sich wiederholten, fragte ich Speer, ob er sich auch jemals in diesem rüden Ton geäußert habe. Er verneinte das ganz entschieden. Ich war dann sehr beeindruckt, als er ein Viertel Jahr später mich anrief und mir sagte, er müsse sich berichtigen. Er habe gerade im Bundesarchiv in Koblenz ein Schreiben entdeckt, in dem er sich in einem vergleichbaren Fall zwar im Ton vornehmer, aber in der Sache ähnlich rücksichtslos äußere. Die Entdeckung habe ihn sehr bestürzt und ihm keine Ruhe gelassen. Ich fand und finde dieses Verhalten bemerkenswert aufrichtig, es zeugt von einiger Strenge gegen sich selbst. Das Fatale ist, daß man, wie ich glaube, just solche Menschen und ihre Art von Aufrichtigkeit braucht, um ein totalitäres System zu errichten.

Ich habe mir erlaubt, als Speer unlängst vorbeikam, ihm einige Passagen Ihres Briefes vorzulesen. Er war sehr nachdenklich und meinte, die Verständigungsschwierigkeiten rührten sicherlich daher, daß er den Speer des Jahres 1938 aus der Perspektive des Jahres 1968 geschildert habe. Der Eine betrachtet den Anderen losgelöst von sich selbst, wie eine Spielfigur. Die Maßstäbe, Wertvorstellungen, die moralische Sensibilität des Schreibenden habe der Beschriebene nicht besessen. Das führe den Leser zwangsläufig in die Irre. Und er habe auch, trotz meines ständigen Drängens und meiner inquisitorischen Bemühungen, es nicht vermocht, den Speer von damals lebendig werden zu lassen, in seinem gläubigen Stumpfsinn, so wie er wirklich gewesen …

Man kann wohl nicht sagen, Speer habe sich korrumpieren lassen, denn er hat für Hitler keine Wertbegriffe aufgegeben. Er ging auch seinen eigenen Einfällen nicht ins Garn, denn er hatte, die Wahrheit zu sagen [sic], wohl gar keine. Vielmehr hat der Hitler – wie immer, wenn er etwas gewinnen wollte – ihn einfach erobert und besetzt, und Speer hatte ihm nichts entgegenzusetzen. Und das ist wohl nicht nur sein individuelles Problem. Vielleicht ein menschliches: wer widersteht unter vergleichbaren Umständen schon? Sicherlich ist es aber ein Problem der ans Ende gelangten bürgerlichen Gesellschaft.

Nun ja, auch dazu wäre viel zu sagen, aber wir sollten die Erörterung dieses Themas wirklich mündlich vornehmen. Sehen Sie denn schon, wann Sie in diesem Jahr in Europa sein werden? Und natürlich gibt es ja zu dem weit komplexeren Hitler selber vieles, was ich gern mit Ihnen bespräche. Sollten Sie kommen, so lassen Sie uns das doch bitte ins Auge fassen.

Bis – hoffentlich – dahin,
bin ich
stets
Ihr Joachim Fest

(12) Hannah Arendt an Joachim Fest, 11. Februar 1971

[New York,] den 11. Februar 1971

Lieber Herr Fest,

schönen Dank für Ihren Brief, der mich sehr interessiert hat. »Gedankenlosigkeit« ist zwar eine höchst unbefriedigende Antwort, aber wahrscheinlich die einzig richtige.

Wobei sich dann nur die Frage erhebt, wie es zu dieser Gedankenlosigkeit hat kommen können.[76] Also »auf Grund des Rausches«, und dieser Rausch bei Speer unbegreiflicherweise doch zweifellos im wesentlichen verursacht durch die Beziehung zu Hitler. Mich hat interessiert, dass Sie an ein »homoerotisches Element« glauben. Das würde natürlich viel erklären.

Ich würde mich gern einmal wieder mit Ihnen über alle diese Dinge unterhalten, und vielleicht finden wir dazu Gelegenheit, da ich vorhabe, im April/Mai nach Europa zu kommen.[77] Wo sind Sie dann? – Auch über Hitler möchte ich mich nun, auf Grund des Speer-Buchs, noch einmal mit Ihnen unterhalten.

Grüssen Sie bitte Herrn Gaus, mit dem ich hier einen sehr schönen Abend verbrachte.[78]

Es grüsst Sie
Ihre
[Hannah Arendt]

(13) Joachim Fest an Hannah Arendt, 23. März 1971

Hamburg-Kleinflottbek, 23. März 1971

Liebe Frau Arendt,

herzlichen Dank für Ihren Brief. Auch ich hoffe, wir finden im Verlaufe Ihrer Europa-Reise eine Möglichkeit, uns zu sehen. Sobald Sie Ihre Reiseroute kennen, geben Sie mir doch bitte einen Hinweis, wo ich Sie wann treffen könnte. Ich denke, wir haben sehr viel zu erörtern, und freue mich sehr darauf.

Sehr herzlich,
Ihr
Joachim Fest

(14) Hannah Arendt an Joachim Fest, 29. März 1971

[New York,] den 29. März 1971

Lieber Herr Fest,

schönen Dank für Ihren Brief vom 23. März. Meine Reiseroute steht ungefähr fest. Ich denke ich bin in der zweiten Hälfte April in Zürich (etwa ab 18.), danach Anfang Mai in München und die zweite Maiwoche in Köln.[79] Das wären ungefähr die Möglichkeiten, mich zu erreichen. Ich würde vorschlagen, dass Sie mir eine Zeile nach Zürich schicken, c/o American Express. Vielleicht sagen Sie mir auch, wie ich Sie telefonisch erreichen kann.

Herzlich Ihre
[Hannah Arendt]

(15) Joachim Fest an Hannah Arendt, 15. April 1971

[Hamburg, den] 15. April 1971

Liebe und verehrte Frau Arendt,

haben Sie recht herzlichen Dank für Ihren Brief. Nachdem ich nun meine übrigen Termine abgestimmt oder verändert habe, sähe ich die beste Möglichkeit darin, wenn ich für einen Tag in der zweiten Aprilhälfte nach Zürich käme. Wollen Sie mir irgendeinen Tag, der Ihnen am besten paßt, nennen? Noch besser treffen wir unsere Verabredung, so glaube ich, über Telefon; meine Nummer ist Hamburg 82 46 59, bzw. während des Tages 86 93 80.

Ich weiß nicht, ob Ihre Pläne eine Reise nach Hamburg ganz und gar undenkbar machen, aber als ich las, daß Sie bis nach Köln kommen, dachte ich mir, Sie hätten vielleicht Zeit und Spaß für einen Abstecher nach Hamburg.[80] Wir könnten am Tag einen kleinen Elbspaziergang unternehmen, und für den Abend würde ich gern ein paar Freunde (Augstein, Gaus, Groß, Siedler und andere) für Sie einladen.[81] Wollen Sie es sich nicht überlegen?

Wie stets, grüße ich Sie sehr herzlich

Ihr

Joachim Fest

(16) *Joachim Fest an Hannah Arendt, 1. Oktober 1973*

Liebe und verehrte Frau Arendt,

hier ist nun endlich das Hitler-Buch.[82] Ich hoffe, Sie finden es etwas besser als Helen Wolff, die offenbar gar nichts davon hält.[83]

Sehr herzlich,
immer Ihr
Joachim Fest
1.10.73

(17) *Hannah Arendt an Joachim Fest, 18. Dezember 1973*

New York, den 18. Dezember 1973

Lieber Joachim Fest,

ich danke Ihnen vielmals für den HITLER und bitte sehr um Entschuldigung, dass ich ihn noch nicht habe lesen können. Ich befinde mich hier in einem Chaos von Verpflichtungen und kann mich an so etwas Grosses gar nicht heranwagen.[84] Ich las Ihre kurzen Vorbetrachtungen über historische Grösse, und da fiel mir dazu eine Bemerkung von Brecht ein, die er dem »Aufhaltsamen Aufstieg des Arturo Ui« beigefügt hat. Sie besinnen sich auf den Epilog:

»So was hätt einmal fast die Welt regiert!
Die Völker wurden seiner Herr, jedoch
Dass keiner uns zu früh da triumphiert –
Der Schoss ist fruchtbar noch, aus dem das kroch.«[85]

Brecht schrieb erklärend wie folgt: »Die grossen politischen Verbrecher müssen durchaus preisgegeben werden, und vorzüglich der Lächerlichkeit. Denn sie sind vor allem keine grossen politischen Verbrecher, sondern die Verüber grosser politischer Verbrechen, was etwas ganz anderes ist. … So wenig das Misslingen seiner Unternehmungen Hitler zu einem Dummkopf stempelt, so wenig stempelt ihn der Umfang dieser Unternehmungen zu einem grossen Mann.«[86]

Dies scheint mir den Nagel auf den Kopf zu treffen, und es spricht wirklich für Brecht, dass er so früh diese Einsicht hatte.

Dann dachte ich, dass Sie vielleicht das beiliegende Gedicht von Gottfried Keller nicht kennen, das insofern in Ihre Betrachtungen gehört, als es bei den Widerstandsleuten von Hand zu Hand ging.[87]

Wie ich von Helen Wolff hörte, hat sich das Missverständnis zwischen Ihnen aufgeklärt.[88]

Ich melde mich, sobald ich Zeit habe, das Buch wirklich zu lesen.

Mit allen guten Wünschen
Ihre
[Hannah Arendt]

GOTTFRIED KELLER

Die öffentlichen Verleumder

Ein Ungeziefer ruht
In Staub und trocknem Schlamme,
Verborgen, wie die Flamme
In leichter Asche tut,
Ein Regen, Windeshauch
Erweckt das schlimme Leben,
Und aus dem Nichts erheben
Sich Seuchen, Glut und Rauch.

Aus dunkler Höhle fährt
Ein Schächer, um zu schweifen;
Nach Beuteln möcht' er greifen,
Doch findet bessern Wert:
Er findet einen Streit
Um nichts, ein irres Wissen,
Ein Banner, das zerrissen,
Ein Volk in Blödigkeit.

Er findet, wo er geht,
Die Leere dürftger Zeiten;
Da kann er schamlos schreiten,
Nun wird er ein Prophet;
Auf einen Kehricht stellt
Er seine Schelmenfüsse
Und zischelt seine Grüsse
In die verblüffte Welt.

Gehüllt in Niedertracht
Gleichwie in einer Wolke,
Ein Lügner vor dem Volke,
Ragt bald er gross an Macht
Mit seiner Helfer Zahl,
Die hoch und niedrig stehend,
Gelegenheit erspähend,
Sich bieten seiner Wahl.

Sie teilen aus sein Wort,
Wie einst die Gottesboten
Getan mit den fünf Broten,
Das kleckert fort und fort!
Erst log allein der Hund,
Nun lügen ihrer tausend;
Und wie ein Sturm erbrausend,
So wuchert jetzt sein Pfund.

Hoch schiesst empor die Saat,
Verwandelt sind die Lande,
Die Menge lebt in Schande
Und lacht der Schofeltat!
Jetzt hat sich auch erwahrt,
Was ernstlich war erfunden;
Die Guten sind verschwunden,
Die Schlechten stehn geschart.

Wenn einstmals diese Not,
Lang wie ein Eis gebrochen,
Dann wird davon gesprochen,
Wie von dem schwarzen Tod.
Und einen Strohmann bau'n
Die Kinder auf der Heide,
Zu brennen Lust aus Leide
Und Licht aus altem Graun.

Zur Kontroverse um Hannah Arendts *Eichmann in Jerusalem*

Vorbemerkung

Im Folgenden werden vier Beiträge der Kontroverse um das Buch *Eichmann in Jerusalem* nachgedruckt. Ihre Auswahl orientiert sich an den Gesprächen und Briefen Hannah Arendts mit Joachim Fest, wie sie in dieser Ausgabe dokumentiert sind: Die Erklärung des Council of Jews from Germany hat die Kontroverse im März 1963 angestoßen; sie hat den Ton für kritische Stellungnahmen vor allem aus dem Umfeld jüdischer Organisationen gesetzt. Golo Manns Beitrag berührte mit »innere Emigration« und »Widerstand« brisante Aspekte, die vor allem in der bundesrepublikanischen Debatte ein weites Echo fanden. Mary McCarthy erhob das Wort für ihre Freundin Hannah Arendt; ihr gelang es, das »Geschrei und Gezeter« (so die deutsche Übersetzung des englischen Titels), welches die Kontroverse auf beiden Seiten des Atlantiks seit Erscheinen der Erklärung des Council beherrschte, zu versachlichen. Reinhard Baumgart antwortete auf *Eichmann in Jerusalem* in zeitlichem Abstand; er wies in seinem »Nachwort« auf die philosophische Dimension des Buches hin, die jenseits der Kontroverse Bestand hat.

Die Angaben zur Erstveröffentlichung finden sich am Ende der Beiträge. Ihre Rechtschreibung folgt der jeweiligen Druckvorlage; Eingriffe der Herausgeber sind durch eckige Klammern [ ] markiert.

U.L./T.W.

Council of Jews from Germany

Die Reaktion der Juden auf die Verfolgungen der Nazizeit

Die grosse Mehrzahl der in den letzten Jahren erschienenen Publikationen, die der Periode des Naziregimes gewidmet sind, dient der geschichtlichen Wahrheit und verhilft ihr zu ihrem Recht. Der Council of Jews from Germany – die Organisation der aus Deutschland ausgewanderten Juden – muss jedoch feststellen, dass in der letzten Zeit in bezug auf die Erforschung und Beurteilung der genannten Periode Stimmen laut geworden sind, die nicht unwidersprochen bleiben dürfen, weil ein durch sie beeinflusstes Geschichtsbild ein verfälschtes Geschichtsbild sein würde Dies gilt im besonderen von dem 1961 erschienenen Buch von Raul Hilberg »The Destruction of the European Jews« und von den Aufsätzen, die Hannah Arendt im »New Yorker« und als Buch unter dem Titel »Eichmann in Jerusalem. A Report on the Banality of Evil« 1963 veröffentlicht hat. Hannah Arendt glaubt feststellen zu dürfen, dass jüdische Führer bei der Zerstörung ihres eigenen Volkes mitgewirkt hätten, und dass diese Mitwirkung von entscheidender Bedeutung für die Durchführung der Pläne der Nationalsozialisten gewesen sei. Sie missdeutet die Haltung von Männern, an deren Integrität und Selbstaufopferung kein Zweifel besteht. Ihre eigene Definition des Wesens totalitärer Terror-Herrschaft widerlegt viele ihrer Auslegungen. Für ihre Behauptungen sind teilweise Quellen überhaupt nicht erkennbar: zum Teil zeigt schon ihre eigene Formulierung, dass es Beweise für die Beschuldigungen nicht geben kann; und zu einem kleinen Teil stützen sich diese Beschuldigungen auf unzulässige Verallgemeinerung von Einzelfällen. Ganz und gar unverantwortbar ist die Schlussfolgerung, die die Verfasserin aus unfundierten Feststellungen zieht: nach der, wenn die Juden führerlos gewesen wären, die Gesamtzahl der jüdischen Opfer kaum fünf bis sechs Millionen erreicht hätte.

Was Deutschland selbst betrifft, muss festgestellt werden: Wenn mehr als 250 000 Juden – d.h. ungefähr die Hälfte der Juden, die bei Beginn der Naziherrschaft in Deutschland lebten – gerettet werden konnten, so ist das in erster Reihe der Wirksamkeit der jüdischen Organisationen und Gemeinden zu verdanken. Man tut den Führern und Beamten dieser Organisationen bitter Unrecht, wenn man ihre Bemühungen, durch Verhandlungen mit den deutschen Regierungsbehörden – andere Verhandlungspartner gab es nicht – das Los der Juden erträglicher zu machen und vor allem Berufsausbildung, Berufsumschichtung und Auswanderung zu ermöglichen, durch das Wort »Kooperation« moralisch diskreditiert. Ihre Grenze fanden die Bemühungen um Auswanderung in der mangelnden Bereitschaft der meisten Staaten, jüdische Auswanderer aus Deutschland in genügender Zahl aufzunehmen.

Nach Kriegsausbruch und besonders nach Eintritt der USA in den Krieg begann die Naziregierung, ihren Plan der physischen Vernichtung der Juden in die Tat umzusetzen. Mit welcher Unmenschlichkeit und bis ins kleinste durchorganisierten Präzision der totalitäre Apparat dabei verfuhr, wird von Hannah Arendt eindrucksvoll geschildert. Zu diesem System gehörte auch die mit brutalsten Mitteln erzwungene Mitwirkung von Leitern und Beamten jüdischer Gemeinden bei der technischen Ausführung der den Gemeinden erteilten Befehle. Trotz einer Situation ohne Beispiel haben viele jüdische Funktionäre Gegenaktionen oder geheimen Widerstand versucht, über die es keine Dokumente geben kann. Die Männer und Frauen der Reichsvertretung, der Zentralorganisation der deutschen Juden, und viele Führer jüdischer Gemeinden harrten ohne Rücksicht auf ihre eigene Sicherheit auf ihrem Posten aus; und fast alle gingen zugrunde; viele wurden umgebracht, wie die 1943 in Berlin erschossenen Geiseln, weil die Befehle der Nazibehörden nicht voll befolgt wurden. Über dieses furchtbare Kapitel moralisch zu urteilen, steht denen nicht zu, die nicht dabei gewesen sind. Die Behauptung, dass das Naziregime ohne die Verwendung von Juden ihr teuflisches Ziel nicht hätte erreichen können, erscheint jedem Einsichtigen völlig absurd.

Der Council of Jews from Germany bereitet eine Reihe von Veröffentlichungen vor, die die Lage der Juden unter der Naziherrschaft von Beginn an und die schicksalhaften Probleme, mit denen sie konfrontiert waren, darstellen werden. Sie werden zeigen, wie die deutschen Juden sich in äusserster Anspannung aller moralischen und materiellen Kräfte zu gegenseitiger Hilfe organisiert und wie sie unter den schwierigsten Umständen Selbstbesinnung und Selbstachtung aufrecht erhalten haben.

[Die voranstehende Erklärung erschien zuerst am 22. März 1963 in *MB*, dem in Tel Aviv veröffentlichten Mitteilungsblatt der Irgun Olej Merkas Europa. Sie wurde wieder abgedruckt in der hier als Druckvorlage verwendeten Broschüre *Nach dem Eichmannprozess: Zu einer Kontroverse über die Haltung der Juden* (siehe Literaturverzeichnis), S. 7–9.]

Golo Mann

Der verdrehte Eichmann

Dem Schwall der Bücher über den Eichmann-Prozeß hat Hannah Arendt neuerdings eine Schrift hinzugefügt, welche zuerst in fünf Artikeln von der satirischen Zeitschrift *The New Yorker* und danach in Buchform veröffentlicht wurde. Der Referent las sie im *New Yorker*. Es ist erstaunlich, wie vollkommen die europäische Philosophin, die uns ehedem so tiefschürfende, schwierig zu lesende Werke schenkte, sich dem Ton der metropolitanen Witzbolde anzupassen verstanden hat; dem trockenen, geschliffenen, gewollt monotonen, konzentrierten und dabei, wirklich oder scheinbar, ausführlich genauen, mit Sicherheit an der Grenze des Zynischen manövrierenden, dem zugleich sachlichen und elbischen Stil, den die Zeitschrift prägte. Ob die deutsche Ausgabe dieser bewundernswerten Leistung von Mimikry gerecht werden kann, weiß ich nicht.

Frau Arendts Buch hat eigentlich drei Gegenstände. Es breitet die Tatsachen der Vernichtung des europäischen Judentums noch einmal vor uns aus; über diese Bemühung ist zu sagen, was die Autorin über den Jerusalemer Prozeß sagt, nämlich, daß sie nichts Neues zutage brachte. Es unterzieht die rechtliche Basis des Prozesses und Urteils einer kritischen Analyse. Und, wie es sich gebührt, stehen im Mittelpunkt Schuld und Charakter des Angeklagten, die hier zum erstenmal richtig erfaßt werden sollen.

Hannah Arendt mißbilligt die Art der Prozeßführung, den Gedanken, der ihr zugrunde lag, und das eitle, großartig-schauspielerische Gebaren des Staatsanwaltes Hausner. Ein Strafprozeß, betont sie, darf kein großes Schauspiel für die Nation und die Welt sein wollen. Er darf sich auch nicht mit so vagen Dingen wie dem »allgemeinen Bild« oder dem »Hintergrund« befassen. Nichts darf zur Sprache kommen, was sich nicht eindeutig auf die Schuld des Angeklagten bezieht; diese ist von den Leiden seiner Opfer, mögen sie noch so furchtbar gewesen sein, streng zu unterscheiden. Folglich hätten die vielen »Hintergrundszeugen« nicht zugelassen werden, hätten die Leiden des Judentums von Pharao bis Hitler nicht so und soviele Sitzungen in Anspruch nehmen dürfen, und auch die Greuel von Auschwitz und Treblinka nicht, nämlich, weil und insofern sie mit der Schuld des Angeklagten nichts zu tun hatten. Ein Prozeß verlangt Stille, Sachlichkeit, »mehr Kummer als Zorn«, die genaueste Isolierung des Tatbestandes. Man durfte nicht gleichzeitig über diesen einen Menschen zu Gericht sitzen und die Welttragödie des Judentums vor einem jüdischen Tribunal zusammenfassend aufführen.

Von so strenger Kritik muß der Referent sich unbeeindruckt erklären. Die histrionisch-ehrgeizigen Neigungen des Staatsanwalts sind eine Sache; wobei noch zu fragen wäre, ob er wohl, seit Cicero, der erste Gerichtsredner war, der sich ihnen hingab. Eine ganz andere ist der Wille Ben Gurions, die Ausrottung des europäischen Judentums vor ein jüdisches Gericht zu bringen und sie noch einmal, zum erstenmal, Gestalt werden zu lassen, gelegentlich des Strafprozesses gegen diesen einen. Eichmann war für diesen Zweck geeigneter als irgend ein anderer, mit Ausnahme Hitlers; denn er hatte die Juden nicht ermordet, kein einzelner hat es getan, aber die größere Zahl der Opfer eingesammelt und an den Ort geführt, wo sie, wie er wußte, ermordet werden würden. Nicht nur rechtfertigte die Art seiner Schuld die Verbindung beider Zielsetzungen des Prozesses; diese war auch rechtstechnisch unvermeidlich, weil, gerade um die Schuld des Angeklagten abzugrenzen, die Untersuchung sehr weit über sie hinausgehen mußte. War der Prozeß beispiellos, so war es das in Rede stehende Verbrechen; das Gesamte sowohl wie der Teil, den der Angeklagte an ihm hatte. Wer hier den Maßstab herkömmlicher Justiz anlegt, trifft die Sache nicht. Erstaunlich ist vielmehr, wie erfolgreich, wenn nicht der Staatsanwalt, so doch die Richter sich mühten, trotz allem die Formen herkömmlicher Justiz zu wahren.

Übrigens widerspricht unsere selbsternannte Juristin beständig sich selber. Das Beispiellose des Verbrechens sieht sie sehr wohl und fordert gerade darum einen Gerichtshof der Menschheit, an Stelle des nur nationalen von Jerusalem; gesteht ein, daß ein gesamtmenschheitliches Gericht nicht zustandezubringen war, und will sich mit einem begnügen, dem wenigstens Richter aus allen von den Deutschen heimgesuchten Ländern assistierten; bedauert, daß die Israeli nach ihrem nationalen Strafgesetz urteilten anstatt nach einem internationalen, das aber nicht existierte, und so fort. Daß beständig ein »Gesamtbild« der Katastrophe beschworen wurde, auch da, wo es mit Eichmanns Schuld nichts zu tun hatte, beklagt sie – um es gutzuheißen. »In diesem Moment war man vielleicht berechtigt, es zu begrüßen, daß dies kein gewöhnlicher Prozeß war, welcher Erklärungen, die mit der kriminalen Prozedur nichts zu tun haben, als irrelevant und nicht zur Sache gehörig eliminiert. Denn offenbar enthielt der Fall Eichmann Elemente, welche die Gesetzgeber nicht vorausgesehen hatten ...«. Offenbar, in der Tat; womit Seiten und Seiten ihrer gelehrten Kritik zur bloßen Wichtigmacherei herabsinken. Mit der Hinrichtung Eichmanns ist sie einverstanden, aber nicht mit dem Urteil; sie hätte es anders, bedeutend geistreicher formuliert, und als Knalleffekt schenkt sie uns zum Schluß des Buches ihre eigene Fassung. Man kann nur bedauern, daß die Richter nicht so waren wie Hannah Arendt oder daß sie sich nicht von ihr diktieren ließen.

Vielleicht darf der Referent hier hinzufügen, daß er selber sich im entgegengesetzten Gedankenfall befand; Prozeß und Urteil schienen ihm gültig, nicht aber die Hinrichtung gut. Ein Bekannter von mir meinte damals, die Israeli würden besser tun, den verurteilten Verbrecher nach Deutschland zu schicken, mit dem Vermerk, man erwarte, ihn als Bürgermeister in Schleswig-Holstein wiederzufinden. Es ist aber eines, als Privatmann das Seine zu denken oder bittere Scherze zu machen; etwas anderes, sich öffentlich die Entscheidung darüber anzumaßen, wie die Lenker und Rechtswalter des gemarterten Volkes von ihrer strafenden Souveränität hätten oder nicht hätten Gebrauch machen sollen. Diese Freiheit, die sie sich durch den Aufbau ihres Staates, und nicht durch lukrative Artikel in Witzzeitschriften gewonnen hatten, mußte man ihnen lassen.

Was den Charakter Eichmanns betrifft, so ist Hannah Arendts Entdeckung die, daß er kein Ungeheuer, kein Sadist, nicht einmal ein fanatischer Judenhasser war, sondern ein sehr gewöhnlicher Mensch; ehrgeizig wie die anderen, gehorsam, schlau und dumm wie die anderen; dem Gebildeten gegenüber von einer Mischung aus Bewunderung und Ressentiment beseelt; der etwas heruntergekommene Sohn aus guter Familie, den es in die SS trieb, weil er hier Möglichkeiten zu neuem Aufstieg witterte, begierig, die große Mordaufgabe so pünktlich durchzuführen, wie er jede andere ihm gestellte Aufgabe durchgeführt hätte. Das Porträt scheint im wesentlichen wirklichkeitstreu; treffender jedenfalls als das, welches der Staatsanwalt zeichnete und die Richter übernahmen, weil die Verbindung dieses Verbrechens mit menschlicher Durchschnittlichkeit über ihr Verstehen ging. Frau Arendt liebt die originellen Entdeckungen; in aller Erinnerung ist noch jene, derzufolge wir als wahren Vater und Schöpfer des totalen Staates einen gewissen englischen Verwalter Ägyptens namens Lord Cromer anzusehen haben. Diese ist jedoch längst nicht so originell, wie sie wohl meint; etwa hat François Bondy, der klug genug war, aus seinen Jerusalemer Berichten kein Buch zu machen und nicht sich profunde juristische Kenntnisse beizulegen, die er nicht hat, den Menschen Eichmann ganz ähnlich beschrieben. Hannah Arendt wäre aber nicht sie selber, wenn sie nicht weiter ginge und das an sich Zutreffende outrierte bis zu dem Punkt, an dem es falsch wird. Zum Beispiel behauptet sie, gerade in der Mittelmäßigkeit Eichmanns hätte das wahre Interesse des Prozesses gelegen; zur Verurteilung eines Ungeheuers hätte man die weite Welt nicht einzuladen brauchen. Falsch:

Hitler war ein Ungeheuer, und doch hätte die weite Welt an seinem Prozeß das stärkste Interesse gehabt. Zudem sinkt der Mensch mit seinen infameren Zwecken, selbst wenn sie ursprünglich nicht in ihm angelegt gewesen wären. Eichmann, der ein rationales Wesen und kein Idiot war, der wußte, was er tat, der die Mordfabriken, in die er seine Opfer schickte, selber inspiziert hat, kann so harmlos und gutmütig, wie sie ihn ausmacht, während seines Tuns nicht gewesen sein; gegen seine Schlechtigkeit spricht auch nicht, daß er ein zärtlicher Gatte und Vater, ein hilfsbereiter Freund und was noch war. Das war Himmler auch, von Hitlers Hundeliebe und Freundestreue zu schweigen. Mit solchen Beobachtungen löst man das Problem menschlicher Grausamkeit und Teufelei nicht.

Eichmann soll der Soldat gewesen sein, der gehorcht. Vielmehr – hier stoßen wir auf eines der bezeichnendsten Paradoxe des paradoxfreudigen Werkes – er soll der Soldat gewesen sein, welcher nicht gehorcht. Und zwar, weil er das höhere Gesetz über den verbrecherischen Befehl stellte. Der also genau das tat, was die zu Nürnberg von den Siegern verkündete Rechtsmoral forderte. Was kam dabei heraus? Er sammelte 1944 unbeirrt seine Opfer weiter zu Morden ein, entgegen dem Befehl Himmlers, mit den Deportationen aufzuhören. Er stellte die höhere, von Hitler inkarnierte Ordnung über den Befehl Himmlers, der für ihn ein Gesetzesbruch war. Die Ähnlichkeit dieser seiner Haltung zu der von abendländischer Moral geforderten findet Frau Hannah »äußerst peinlich«; und ist nicht wenig stolz auf ihr feingesponnenes Argument, in dem sie wirklich wie in keinem andern leibt und lebt.

Nein, sie lebt auch in anderen, in gleicher Weise verborgenen; die Wahl wird schwer. Da sind zum Beispiel jene Deutschen – die »guten Deutschen«, die Vertreter des »anderen Deutschland« werden sie von der Autorin höhnisch genannt –, welche Freiheit und Leben von Juden zu retten versuchten. Was taten sie? Sie retteten oder wollten retten einzelne Juden oder einzelne Kategorien von Juden, meist solche, die von den Machthabern selber ursprünglich ausgenommen worden waren, Kriegsteilnehmer, Kriegerwitwen, verdiente Patrioten. Aber, so argumentiert messerscharf unsere Scholarin, indem sie solche Ausnahmen gemacht wissen wollten, erkannten sie die Rechtlichkeit des Gesamtunternehmens an. Sie taten im Grund nur, was die Machthaber selber auch taten, indem sie Juden sogar in ihren eigenen Reihen duldeten: keine Regel ohne Ausnahme. Was sind das für Fisimatenten? Hätte Propst Grüber den Versuch, gewisse Gruppen von Juden zu retten, nicht machen sollen? Hätte er alle, ohne Ausnahme, retten sollen? Freilich doch, aber wie? Mußte nicht rettender Wille, so wie die Dinge unter der Herrschaft des Verbrechens geworden waren, sich auf einzelne, im besten Fall auf einzelne Gruppen richten? War mit jedem Geretteten nicht ein Opfer weniger, eine Qual weniger? Es versteht sich, daß, wer die Guten so billig heruntermacht, auch geneigt sein wird, die weniger Guten mit ähnlichen Künsten zu entlasten. Hannah Arendt hält Herrn Staatssekretär Globke die Listen seiner Taten im Dritten Reich vor, nur um zu dem Schluß zu kommen, es sei schwer einzusehen, was er denn hätte besser machen können.

Da hier vom »anderen Deutschland« die Rede ist, so verdient eine These der Autorin besonders hervorgehoben zu werden. Sie behauptet, die Männer des 20. Juli seien »nicht durch eine Krise ihres Gewissens anläßlich dessen, was sie über das Leiden anderer Völker wußten, inspiriert gewesen; ihr Motiv war ausschließlich die Überzeugung, daß Deutschland von Niederlage und Ruin bedroht war«. In ihren Briefen oder vorbereiteten Manifesten hätten sie Hitler einen Schwindler, einen Dilettanten, einen Verderber der deutschen Heere, aber nie einen Mörder genannt, und die Massenmorde im Osten, von denen gerade sie die präzisesten Kenntnisse haben mußten, »beinahe ganz« ignoriert. »Beinahe« – nun, das ist eine Einschränkung, mit der sich notfalls operieren ließe. Jedenfalls muß man Frau Arendt diese Not bereiten. Ihre Charakteristik des deutschen Widerstandes enthält die empörendsten Verleumdungen, die je über diese Bewegung verbreitet wurden. Als man ähnliches, aus dem Munde alliierter Sprecher, im Sommer 1944 zuerst hören konnte, mag es noch allenfalls entschuldbar gewesen sein, da kannte man die Hintergründe des Unternehmens nicht. Heute noch polemisch zu beweisen, daß die Goerdeler, Oster, Adam von Trott, Moltke, Leber aus tiefstem menschlichen Gewissen heraus handelten, hieße ihrem Andenken Unrecht tun; sie bedürfen keines solchen Beweises. Ob sie wirklich von den Mordfabriken in Polen »die genauesten Kenntnisse« haben mußten, wäre allenfalls zu fragen. Genug wußten sie, um in Hitler nicht nur den Verderber des eigenen Staates, sondern den Verbrecher an der Menschheit zu sehen; genau das haben sie getan. »Vor einer Woche«, schreibt Goerdeler 1943 an den General Kluge, »vernahm ich den Bericht eines achtzehneinhalbjährigen SS-Soldaten, der früher ein ordentlicher Junge war, jetzt mit Gelassenheit erzählte, daß es ›nicht gerade sehr schön wäre, Gräben mit Tausenden von Juden angefüllt mit dem Maschinengewehr abzusägen und dann Erde auf die noch zuckenden Körper zu werfen‹! Was hat man aus der stolzen Armee der Freiheitskriege und Wilhelms I. nur gemacht!« – Im Testament des Grafen Schwerin finden sich die Worte: »Ich bestimme ferner, daß an der Stelle im Kieslager meines Sartowitzer Forstes, wo die Ermordeten aus dem Spätherbst 1939 ruhen, sobald die Zeitumstände es erlauben, ein sehr hohes Holzkreuz aus Eiche gesetzt wird mit folgender Inschrift: Hier ruhen 1400–1500 Christen und Juden. Gott sei ihrer Seele und ihren Mördern gnädig.«

Das sind letzte Worte, nicht gelegentlich hingesprochen. Aber, nicht wahr, gehandelt hat Schwerin nur, um den nationaldeutschen Staat zu retten, und was den Völkern im Osten geschah, war ihm »beinahe ganz« gleichgültig.

Nur so viel über den politisch-aktiven Widerstand. Der rein geistige, rein menschheitliche, der gar nicht politische, der soviel edle Märtyrer schuf, wird von Hannah Arendt mit keiner Silbe erwähnt. Genauer, sie erwähnt zwei Persönlichkeiten, die in der Tat an die Menschheit und nicht vornehmlich an den deutschen Staat dachten: Friedrich Reck-Malleczewen und Karl Jaspers – Jaspers, der vom ersten bis zum letzten Tag des Dritten Reiches nicht ein Wort über die Obrigkeit verlauten ließ, und dessen Widerstand genau von der Art war, über die Hannah Arendt sich sonst lustig macht: So innerlich sei er gewesen, daß man ihn den Leuten beim besten Willen nicht habe anmerken können. Daraus sei dem Philosophen wahrlich kein Vorwurf gemacht; er war biologisch zum Martyrium so wenig geschaffen wie der Schreiber dieser Zeilen, der sich genau ebenso verhalten hätte, wäre ihm

Jaspers' furchtbare Situation nicht durch einen unverdienten Zufall erspart geblieben. Aber Jaspers als den einen großen Menschheitsstreiter darzubieten und von Klaus Bonhoeffer und Pater Delp und Kurt Huber und all den anderen zu schweigen – das kann man nur als eine Verhöhnung amerikanischer Unwissenheit bezeichnen. Es ist kaum anzunehmen, daß die deutsche Ausgabe des Buches einen solchen Kohl aufzutischen wagen wird.

Es zieht sich eine andere These durch Hannah Arendts Buch, die nicht glattweg eine Unwahrheit ist wie die oben erwähnte, die aber, so wie die Akzente gesetzt werden, doch etwas tief Gefährliches und Wahrheitsverwirrendes hat. Man kann sicher sein, daß bei noch bevorstehenden deutschen Kriegsverbrecherprozessen die Verteidigung sich ihrer wacker bedienen wird. Es ist die These, wonach die Juden Europas bei ihrem Untergang selber mitgewirkt haben, und daß da, wo sie es, aus mehr zufälligen als inneren Gründen nicht taten, nur der kleinere Teil ihrer Gemeinde von der Katastrophe erfaßt wurde. – Diese jüdische Mitwirkung in Frau Arendts facettenreicher Darstellung konnte die verschiedensten Formen annehmen.

In den ersten Jahren nach der Machtergreifung bestätigte Hitlers Antisemitismus den deutschen Zionisten, den Gegnern der »Assimilation«, ihre eigenen Bestrebungen, derart, daß er ihnen vielleicht nicht einmal unwillkommen war. Jedenfalls forderten sie dazu auf, den gelben Stern mit Stolz zu tragen, lange ehe sie ihn tragen mußten, sprachen von einer jüdischen Erneuerung, die im Zeichen der Nazipolitik und -gesetzgebung vor sich gehe, und sahen der Zukunft mit Optimismus entgegen. Daraus wird man folgern: Wenn deutsche Juden freiwillig den gelben Stern trugen, so war es am Ende so übel nicht, sie zu ihrer eigenen Ehre zu zwingen, und wenn sie so stolz auf ihr Judentum waren, so meinte Onkel Globke es gut mit ihnen, als er sie alle Sara und Israel taufte.

Der Haltung der Zionisten entgegengesetzt war jene der Mehrzahl der deutschen Juden, die wohl an die Existenz eines ihnen altvertrauten Antisemitismus, nicht aber an eine neuartige, tödliche Gefahr glaubten und darum nicht auswanderten, solange sie es gekonnt hätten. An dieser Beobachtung ist natürlich etwas. Zwar macht Hannah Arendt die Emigration leichter, als sie war; es trifft nicht zu, daß man damals noch den Großteil seines Vermögens mitnehmen konnte, und wie qualvoll schwer, wie praktisch unmöglich es für die meisten war, das Recht zu Niederlassung und Arbeit in einem andern Land zu erhalten, bedarf keiner Ausführung. Richtig aber ist, daß die deutschen Juden das, was ihnen bevorstand, nicht voraussahen, und zwar nicht, weil sie Juden, sondern weil sie Deutsche waren, sich als Deutsche fühlten und den Wahnsinn der Unterscheidung zwischen deutsch und jüdisch nicht in seinem ganzen Ernst nahmen. Waren sie, äußersten Falles, blind, so waren sie nicht blinder als damals die meisten Deutschen – und Franzosen und Engländer – es dem regierenden Bösewicht gegenüber gewesen sind.

Das nächste und, in Hannah Arendts Darstellung, dunkelste Kapitel ist die passive oder aktive Mitwirkung der Juden, als im Krieg die Stunde ihres Untergangs gekommen war, in Deutschland und anderswo. Die hier in Rede stehenden Tatsachen werden aus dem Buch von Raul Hilberg *The Destruction of the European Jews* gezogen und wirkungsvoll arrangiert. Ihre passive Mitwirkung: Daß sie sich nicht wehrten, daß sie selten zu fliehen versuchten, daß sie alle Formulare ausfüllten, die man sie ausfüllen hieß, damit die Konfiskation ihres Besitzes reibungslos vonstatten gehen könnte, pünktlich an den Sammelpunkten erschienen und gleichsam freiwillig die Güterwagen bestiegen, die sie in den Tod führten. Hierzu ist zu sagen, was auch Hannah Arendt selber sagt, die, weil sie gerne verwirrt, sich gerne widerspricht: Das Fliehen, das Sich-Wehren wurde mit Qualen bestraft, verglichen mit denen der Gastod noch eine Gnade war. Die Beispiele, die sie dafür gibt, führen sie zu dem Zirkelschluß, der in ihrem Buche so häufig wiederkehrt: Es sei unbegreiflich, daß die Juden sich nicht wehrten, und es sei unbegreiflich, daß wenige sich schließlich doch wehrten und daß es zum Aufstand des Warschauer Ghettos kam.

Was dann die aktive Mitwirkung betrifft, so ist hier vor allem die Tätigkeit der jüdischen Räte oder »Ältesten-Räte« gemeint, die, auf Befehl, die Listen der zu Deportierenden zusammenstellten und, allgemeiner gesagt, zwischen Mördern und Ermordeten das vermittelnde Glied darstellten; Eichmann hat sie in Jerusalem als für die Lösung seiner Aufgabe völlig unentbehrlich bezeichnet. Dies ist auch die Ansicht Frau Arendts. Den Tyrannen fehlte, zumal in den späteren Kriegsjahren, das Personal, um ohne die Mitarbeit »prominenter« Juden ihr Mordpensum zu erfüllen, wie ihnen auch die Willenskraft fehlte, es dort zu erfüllen, wo Staaten und Nationen ihnen, sei es auch nur passiven Widerstand leisteten; die Beispiele und Zahlen, die für dies Argument aus Dänemark, aus Bulgarien, aus Belgien, selbst aus Italien geboten werden, machen es zum Eindrucksvollsten des ganzen Buches.

Wir lesen auch, und erhalten Beispiele dafür, daß diesem uns in seinen Dimensionen nie vorstellbaren Verbrechen, in seiner Dummheit, Schlechtigkeit, Sinnlosigkeit, nichts Trübe-Menschliches fremd war; nicht auf der deutschen Seite und nicht auf der jüdischen, daß auch dort einzelne eine erniedrigende, elendephemere Macht über das Schicksal genossen, das zum Schluß sie selber ereilte. Was Wunder? Was weiter? Man mag es erwähnen. Aber man sollte, der Wahrheit halber und aus einem anderen Grunde, nicht so viel daraus machen, wie Hannah Arendt daraus macht; die, wie überall, auch hier viel zu weit geht und sich zu der Behauptung versteigt, die vom Staatsanwalt beliebte »scharfe Unterscheidung zwischen Verfolgern und Opfern« hätte zusammenbrechen müssen, wenn man diesen Aspekt in Jerusalem gründlich zu untersuchen den Mut gehabt hätte. Noch einen Schritt, und die Juden haben sich selber verfolgt und selber ausgemordet, und nur zufällig waren auch ein paar Nazis mit dabei. Vielleicht werden wir dies demnächst in Deutschland zu hören bekommen.

Nicht als ob Hannah Arendt prodeutsch wäre. Sie ist nichts weniger als prodeutsch, obgleich plumpe Sophisten des Ex-Nazi-Lagers sie in ihrem Sinn ausnutzen werden. Sie handelt von der hohen deutschen Bürokratie, welche die »Endlösung« nicht erdachte, aber mit routinierter, liebevoller Genauigkeit betrieb, mit der Verachtung, welche diese Herren verdienen, sie seien heute im Amt oder in Pension, und mit der gleichen Verachtung von der deutschen Strafjustiz, die den Mord von ein paar tausend Menschen mit ein paar Jahren Gefängnis ahndet. Gegen diese Seiten des Buches haben wir keinen Einwand. Aber den haben wir, daß es in seiner überklugen

Dialektik eine Nacht macht, in der alle Katzen grau sind; in der die Guten nicht gut sind und die Schlechten nicht schlecht, die Guten nichts besser machen konnten, die Schlechten kaum etwas schlechter; daß die Autorin verdreht, was sie mit einem Schein von Richtigkeit verdrehen kann aus Freude an der Verdrehung, und mit ihrer Klugheit über allem sein will und nirgends ist. Was hilft uns Klugheit, wenn sie mit zwei stärkeren Kräften, Originalitätssucht und Arroganz, so unzertrennlich zusammengeschirrt bleibt?

[Erschienen in: *Die Kontroverse: Hannah Arendt, Eichmann und die Juden*, München 1964, S. 190–198; zuerst veröffentlicht in: *Die Neue Rundschau*, Heft 4/1963, sowie auszugsweise in: *Die Zeit* vom 24. Januar 1964.]

Mary McCarthy

Ein Dokument ethischer Verantwortung: Zu Hannah Arendts Bericht »Eichmann in Jerusalem«

Als ich letzten Winter im *New Yorker* »Eichmann in Jerusalem« las, fand ich den Bericht hervorragend und außergewöhnlich. Das finde ich noch heute. Aber das liegt daran, daß ich nicht jüdisch bin. Als Nichtjüdin »verstehe« ich nicht. Ebensowenig wie meine nichtjüdischen Freunde und Verwandten, die mit mir darüber in gedämpftem Tonfall reden. »Hast du das so verstanden?« »Nein.« Nichtjuden, die »verstanden« haben und im Druck erschienen, sind Sonderfälle: der Richter Musmanno, der in dem Buch angegriffen wird, Professor Trevor-Roper, der die populäre Geschichtsschreibung des Dritten Reiches mit Beschlag belegt hat, und Richard Crossman, Mitglied des Unterhauses, der seit 1946 für Israel Propaganda machte und den Winter in Tiberias verbringt. Soweit ich weiß, stammen alle anderen feindlich gesinnten Besprechungen von Juden, und die freundlich gesinnten von Nichtjuden, mit vier Ausnahmen: A. Alvarez, George Lichtheim, Bruno Bettelheim und Daniel Bell.

Die Nichtübereinstimmung zwischen Juden und Nichtjuden wird noch deutlicher in Privatunterhaltungen, wo ein Nichtjude, sobald das Thema in jüdischer

Gesellschaft erörtert wird – und das wird es immer –, sich vorkommt wie ein zurückgebliebenes Kind in einer normalen Klasse – oder umgekehrt. Es ist, als erfordere »Eichmann in Jerusalem« eine jüdische Sonderbrille, welche allein die »wahre Absicht« des Buches sichtbar macht. Eine Reihe jüdischer Schriftsteller hat in den letzten Monaten dem nichtjüdischen Leser eifrig solche Brillen angepriesen, damit auch er einen Blick in Frau Arendts Hintergedanken werfen kann. Sie wird entlarvt – entweder im Sinne von »Des Kaisers neue Kleider« oder auf plumpere Weise als Antisemitin, und eine Zeitungs-Story weiß von der Frau eines israelischen Beamten in New York zu berichten, die sich immer verspricht und Frau Arendt »Hannah Eichmann« nennt – natürlich aus Versehen.

In einer derartigen, von der Luft freier Meinungsäußerung meilenweit entfernten Atmosphäre veröffentlichte *Partisan Review* Lionel Abels »Die Ästhetik des Bösen« mit der Ankündigung, damit sei die Diskussion eröffnet. Mit anderen Worten: Frau Arendts Verteidigern sei nunmehr Gelegenheit geboten, sich zu Wort zu melden. So werde ich sprechen, wenn ich es auch schweren Herzens tue. Denn erstens bin ich mit Frau Arendt befreundet, und Freunde gelten als voreingenommen. Zweitens bin ich Nichtjüdin und muß daher befürchten, daß ihre Feinde frohlocken werden – denn sind nicht alle Nichtjuden Antisemiten? Drittens, weil meines Erachtens Abels Arbeit als solche eine Entgegnung nicht verdient. Ich vermag sie nur als ein Dokument der Haßkampagne gegen Frau Arendt anzusehen, und zwar als eines der minderwertigsten.

Mitleid mit Eichmann?
Die beiden ernsten Fragen, die Abel aufwirft – a) Wie erklärt Frau Arendt den Massenmord von Juden in der Ukraine, wo keine jüdischen Organisationen existierten?, b) Wie vereinbart sie ihre Kritik an der jüdischen Führerschaft mit dem Bild des totalitären Terrors, das sie in *Elemente und Ursprünge totaler Herrschaft* entwirft? – sind derartig überwuchert von Andeutungen, Unterstellungen und bösartigen Beschuldigungen, daß es schwerfällt, den Stamm der Beweisführung von diesem Rankengeflecht bloßzulegen. Abel geht davon aus, daß Eichmann »in dem Buch weit besser wegkommt als seine Opfer«, und da er für diese Behauptung den Beweis schuldig bleibt, kann es sich nur um einen persönlichen Eindruck handeln, was freilich mehr über Abel aussagt als über Frau Arendt: beim Lesen des Buches hatte er mehr Sympathien für Eichmann als für die vergasten Juden. Ich nicht. Chacun à son goût.

Nun steht aber Abel mit dieser Behauptung nicht allein da. Und obwohl es unglaublich scheint, daß selbst der Dümmste ernstlich auf die Idee kommen kann, Hannah Arendt verteile die Schuld gleichmäßig auf Eichmann und die Juden – von der Behauptung, Eichmann sei in ihrer Darstellung liebenswert verglichen mit toten Juden, ganz zu schweigen –, ist genau das eingetreten, und dem muß Rechnung getragen werden.

Bevor ich diese Zeilen schrieb, las ich nochmals »Eichmann in Jerusalem«, so objektiv wie ich es vermochte. Mein ursprünglicher Eindruck war, daß Frau Arendt der jüdischen Führung eine völlig unbedeutende Rolle in der von ihr erzählten Geschichte zuweist, was mich nicht sonderlich überraschte, da diese Rolle bekannt ist; jeder,

der den Fall Kastner verfolgt oder Besprechungen des Buches von Hilberg gelesen hatte, ist mit der Tatsache jüdischer Kooperation vertraut; diese Kooperation ist ja nur ein anderer Aspekt der Gesamtgeschichte, wie wir sie aus dem Schrifttum über die Konzentrationslager von Autoren wie Rousset, Margarete Buber-Neumann, Bettelheim und anderen kennen: die Führer der Opfer kooperierten mit ihren Kerkermeistern. Mein ursprünglicher Eindruck erwies sich als richtig: in einem Buch von zweihundertundsechzig Seiten sind acht Seiten der Zusammenarbeit der jüdischen Führer mit Eichmanns Dienststelle, und zweieinviertel Seiten der Darstellung bevorzugter Kategorien von Juden (Kriegsveteranen, berühmten Persönlichkeiten und so weiter) gewidmet. Beide Stellen sind fraglos kritisch, und die zweite, die das Verhalten nicht nur jüdischer, sondern auch nichtjüdischer Gruppen, welche bei den Nazis Vergünstigungen für privilegierte Gruppen durchzudrücken suchten, erörtert, scheint mir schärfer. Außer diesen Stellen wird das Verhalten der Juden – ob sie kooperierten oder nicht – nur gelegentlich erwähnt.

Sieht man sich die Besprechungen des Buches an, so wird klar, daß die meisten Juden es vorgezogen hätten, diesen Punkt mit Stillschweigen zu übergehen. Meine Meinung ist, daß diejenigen, die durch diese »Offenbarungen« wahrhaft schockiert und verletzt sind, nicht durch die Tatsache – die ihnen zumindest vage bekannt gewesen sein muß – schockiert und verletzt wurden, sondern durch den Zusammenhang, in den sie gestellt ist. Frau Arendt ist kühn genug, diesen beklemmenden Stoff in Zusammenhang mit der Schuld der Nazis zu bringen, bei dem er nach Ansicht der Juden nichts zu suchen hat, weil die Schuld der Judenräte »in keinem Verhältnis« zu der der Nazis steht. Im gleichen Atemzug von Eichmanns Schuld und von der Schuld der Judenräte zu sprechen, klingt ihnen wie eine Beleidigung, als würden beide auf eine Stufe gestellt. Dabei setzt Frau Arendt sie keinen Augenblick lang gleich; aber wie hätte sie denn Eichmanns Taten einschätzen können, wenn sie die Rolle der jüdischen Führer, mit denen seine Dienststelle ständig verhandelte, außer acht gelassen hätte?

Wenn sie ihren berühmten, im Zitat häufig entstellten Ausspruch tut: »Diese Rolle der jüdischen Führer bei der Zerstörung ihres eigenen Volkes ist für Juden zweifellos das dunkelste Kapitel in der ganzen dunklen Geschichte«, so drückt sie damit den gleichen Schmerz aus, den jüdische Leser empfinden, wenn sie Frau Arendts zusammenfassende Bemerkungen jenes »dunklen Kapitels« lesen, und sie sind ebenso bereit, sie dafür zu verurteilen, wie einst die Tyrannen den Unheilsboten zum Tode zu verurteilen pflegten. Übrigens meint das »dunkelste Kapitel« natürlich nicht, daß dies das Schlimmste ist, was vorgekommen ist. Nur für Juden ist es am schwersten zu ertragen.

Was nun die Beweggründe und Rechtfertigungen der jüdischen Führer angeht, so werfen viele Kritiker ihr vor, sie hätte sich größere Mühe gegeben, Eichmann zu verstehen als die Juden. Was ich nur natürlich finde. Schließlich ist ihr Verhalten im Gegensatz zu dem der Nazis durchaus verständlich – oder gibt es Juden, die glauben, Motive, die ihnen verständlich sind, könnten anderen (Nichtjuden) unverständlich sein? Sie handelten so, wie eben Leute der sogenannten guten Gesellschaft zu handeln pflegen; sie versuchten Zeit zu gewinnen, wehrten sich dagegen, dem Schlimmsten ins Auge zu sehen und suchten nach einer Formel, den Feind zu besänftigen – ein Verfahren, das in der Politik »Appeasement« genannt wird.

Es ist vielfach behauptet worden, Frau Arendt werfe den jüdischen Führern vor, keinen Widerstand geleistet zu haben. Das tut sie nicht. Die Frage des Widerstands wird [...] erörtert. Ihre Schlußfolgerung lautet: Widerstand war unmöglich. Immerhin lag zwischen Widerstand und Zusammenarbeit ein gewisser Spielraum, in dem hätte gehandelt – richtig gesagt: entschieden – werden können. Vielleicht übertreibt Frau Arendt die Größe des Spielraums, dessen Umfang vermutlich je nach Land und Stadt verschieden war. Ihr Beispiel des dänischen Rabbi, der seiner Gemeinde eröffnete, ein Befehl zu ihrer Deportation sei erlassen worden, und ihnen sagte, sie sollten sich in alle Winde zerstreuen, hätte in judenfeindlichen Ländern fraglos keinen Erfolg gezeitigt, aber es gab Orte und Augenblicke, wo der gleiche Rat am Platze gewesen wäre.

Frau Arendts zweiter berühmter Satz: ohne die Mitarbeit der Judenräte wären nicht so viele Juden umgekommen, versteht sich meines Erachtens fast von selbst. Wären die Nazis gezwungen gewesen, eigene Arbeitskräfte einzusetzen, um die Juden für die Vernichtungslager auszuwählen, zu zählen, zu sammeln, ihr Eigentum zu registrieren und vieles andere mehr, sie hätten nicht nur eine geringere Anzahl Juden zusammentreiben können, sondern auch eine empfindliche Lücke in ihrer militärischen Schlagkraft gespürt; hätte Hitler auf der Endlösung beharrt, selbst auf die Gefahr hin, zu ihrer Durchführung Truppen abziehen zu müssen, der Krieg wäre vielleicht früher beendet gewesen. Es ist klar, daß die Weigerung zur Zusammenarbeit schreckliche Vergeltungsmaßnahmen ausgelöst hätte, diese Vergeltungsmaßnahmen hätten jedoch unter Umständen ihrerseits das Heer und die Zivilbevölkerung in Deutschland und den besetzten Ländern demoralisiert, so daß das Ergebnis vielleicht Chaos, der Alptraum der Generäle, gewesen wäre.

Statt Massenmord durch Erschießen zogen die Nazis die Endlösung vor, weil sie reibungslos und wirksam, fast friedlich, durchzuführen war. Überdies ließ dieses Verfahren nicht nur die Deutschen und die Bevölkerung der besetzten Gebiete, sondern sogar die Juden lange Zeit im dunkeln über den wahren Bestimmungsort der planmäßig ostwärts rollenden Viehwagen. Dies auszusprechen, zeigt weder »den Wunsch, die Rolle der jüdischen Führer in der Vernichtung des europäischen Judentums auf die Spitze [zu] treiben« – was eine furchtbare Anklage ist –, noch mangelndes Mitgefühl für ihre ausweglose Lage. Über Vergangenes nachdenken heißt nicht anklagen, denn dafür ist es zu spät, sondern lediglich wünschen, bedauern, die Augen schließen und es in anderem Licht getan sehen; in manchem Fall bewundern.

Reibungslos und wirksam – fast friedlich. Das war das fürchterliche Merkmal der Endlösung, und dafür war Eichmann, der Transportfachmann, das ideale Werkzeug. Natürlich haben sechs Psychiater ihn für normal erklärt; er war normal, durchschnittlich und daher vollkommen geeignet für diese Aufgabe, und die hieß im buchstäblichen wie im bildlichen Sinn: »das Räderwerk muß reibungslos laufen«. Seine Funktion bestand darin, die Endlösung zu normalisieren. Natürlich kam er mit

Juden gut aus, das gehörte zum Metier. Zu seinen Redensarten gehörte denn auch das Klischee von »einigen meiner besten Freunde«.

Als er soweit ging, sich einzubilden, er sei zum Zionismus – der jüdischen Endlösung – bekehrt worden, hatte er die Logik der Phrasendrescherei zur zehnten Potenz der Selbstgefälligkeit und Selbsttäuschung erhoben. Wie konnte irgendeinem Leser die Ironie, mit der Frau Arendt von dieser Bekehrung berichtet, entgehen – eine überdies dramatische Ironie, denn wenn sie dem Leser erzählt, die Lektüre eines »grundlegenden Buches« habe Eichmann »prompt und für immer« zum Zionisten gemacht, bilden ihre Worte das Echo eines Sprechers, der keine Ahnung von der Wirkung seiner Worte auf seine Zuhörer hat: Niemand (außer Eichmann selbst) hielt ihn für einen getreuen Schüler Theodor Herzls.

Man hat vielfach daran Anstoß genommen, daß Frau Arendt Eichmann gewisse »positive Eigenschaften« zubilligt, wie etwa Pflichttreue, und man spricht darüber so, als hätte es ihr freigestanden, bei dem Bericht über den Prozeß sich ihren eigenen Eichmann wie eine Romanfigur zu erfinden. Außerdem ist doch wohl Pflichtbewußtsein kaum ein absoluter Wert. Jedenfalls trat Eichmanns Bild als gewissenhafter Possenreißer lange Zeit vor Frau Arendts Niederschrift ihres Buches zutage, und zwar in seiner eigenen Zeugenaussage. Frau Arendts Leistung besteht darin, den tugendhaften Possenreißer mit seinen Taten in Einklang gebracht zu haben. Das Bild, das sie von ihm gezeichnet hat, ist freilich nicht der »endgültige« Eichmann – so etwas gibt es nicht –; eines Tages wird jemand vielleicht den Mann, so wie er im Lichte seiner Handlungen erschien, auf eine völlig verschiedene Weise darstellen. Aber keiner von ihren Kritikern hat dies zu tun versucht. Indem man ihn als ein Monstrum hinstellt, wird man dem Problem nicht gerecht, es sei denn, man nennt monströs, was man nicht erklären kann, und verzichtet auf die Darstellung.

Offenbar ist eine der Sünden von Frau Arendt, daß sie Eichmann mit seinen Taten konfrontiert hat, und zwar ohne alle Pathetik, realistisch und nüchtern, indem sie genau zuhörte, was er zu sagen hatte, und ihn beobachtete. Dies scheint man für gefährlich zu halten, als sei das abgedroschene Sprichwort des Alles-verstehen-heißt-alles-verzeihen, das man sich gut in Eichmanns Mund vorstellen könnte – denn suchte er nicht das »Verständnis« seiner Richter, womit er Freispruch gemeint haben muß? –, eine erwiesene Wahrheit. Verstehen ist häufig das Vorspiel zum Vergeben, aber beides ist nicht dasselbe, und häufig vergeben wir, was wir nicht verstehen können – da wir keinen andern Ausweg sehen –, und verstehen, was wir nicht verzeihen können. Frau Arendt verzeiht Eichmann nicht, vielmehr fällt sie in dem letzten Absatz des Buches ein unmißverständliches Urteil über ihn – was wie Anmaßung wirken mag, oder auch wie die Entschlossenheit, als Einzelner über die Taten eines anderen Menschen zu richten, das heißt, die Verantwortung zu übernehmen, vor der Eichmann stets zurückschreckte und wodurch er seine Zimperlichkeit und Mittelmäßigkeit offenbarte.

Welche Genugtuung würden Frau Arendts Kritiker empfunden haben, hätte sie aus dem Munde des Anklägers das Wort »Monstrum« übernommen? Wer einen anderen ein Monstrum nennt, macht ihn damit nicht schuldig; im Gegenteil: dadurch, daß er ihn mit Tieren und Teufeln einstuft – laut Wörterbuch ist das Monstrum ein »Mensch von unmenschlicher, entsetzlicher Grausamkeit oder Bosheit« –, macht er ihn weniger schuldig. Ein solch unnatürliches Wesen ist ein schrecklicherer – das heißt, ein ästhetisch abstoßenderer – Anblick als ein Eichmann; eine Ilse Koch war jedoch sicherlich moralisch weniger schuldig als Eichmann, da sie nicht die Spur eines menschlichen Gefühls gehabt zu haben scheint, also vollkommen gewissenlos war. Eichmann hingegen wußte, daß er irgendwie, irgendwo (»vor Gott«, wie er sich ausdrückte) schuldig war, wenn er dieses Wissen auch weit von sich schob.

Was vielen Menschen beim Nachdenken über den Eichmann-Prozeß Schwierigkeiten bereitete, war das Problem einer diesem Verbrechen angemessenen Strafe. Der Ausweg vieler Kritiker läuft darauf hinaus, den Verbrecher in Übereinstimmung mit dem Verbrechen zu bringen, das heißt, ihn zu vergrößern. Wie jede Strafe in Anbetracht des Mords an Millionen hilfloser Menschen lächerlich klein und unbedeutend wirkt, so scheint auch der Verbrecher lächerlich klein und unbedeutend. Und nicht, weil er in der Zwischenzeit geschrumpft wäre. Das Mißverhältnis zwischen Täter und Tat gehört zu den beunruhigenden Phänomenen zeitgenössischer Geschichte – das Ergebnis des technischen Fortschritts, zum Beispiel der Automation. Auf alliierter Seite haben wir Hiroshima und Nagasaki, wo unsere Leute in den Bombern und Mr. Truman im Weißen Haus in keinerlei Verhältnis standen zum Ausmaß dessen, was sie taten. Nicht, daß Mr. Truman und Eichmann gleichermaßen als Massenmörder anzusehen wären: Mr. Truman hatte zumindest ein sittliches Ziel im Auge: die rasche Beendigung des

Krieges. Nur sind alle menschlichen Maßstäbe verrutscht, so daß man Eichmann und die Macht, über die er verfügte, vergrößert, sobald man sie an der Zahl seiner Opfer mißt.

Frau Arendt gerade stellt Eichmann nirgends als »nur pflichtbewußten Beamten« dar; seine Arbeit war wichtig, ja von entscheidender Bedeutung im Gesamtplan der Nazis, so daß er davon überzeugt sein konnte, individuell einen bedeutenden Beitrag zur Aufgabe des Führers zu leisten.

Es stand Eichmann – wie Frau Arendt nachweist – jederzeit frei, seinen Schreibtisch und seinen »großen Verantwortungsbereich« zu verlassen; niemand zwang ihn, gerade diese Aufgabe zu übernehmen. Dennoch beweisen das Verbleiben auf seinem Posten und der darauf verwendete Eifer keineswegs, daß er am Töten von Juden, selbst aus der Entfernung, Gefallen gefunden hätte. Er war nur gerne Beamter, er wurde gerne »gebraucht«, und wenn dies, wie in seinem Falle, eine gewisse Opferbereitschaft verlangte, so war es ihm noch lieber, denn er orientierte sich in seiner Selbsteinschätzung an Kants Formulierung des Kategorischen Imperativs und meinte, daß Tugend sich nur bewähren könne, wenn sie gegen die eigene Neigung ausgeführt wird. Daß eine gegen die eigene Neigung ausgeführte Tat eo ipso tugendhaft ist, war Eichmanns Mißverständnis oder vielleicht seine Art, sich vor sich selbst zu rechtfertigen.

In erschreckender Hellsicht zieht Frau Arendt folgendes Fazit: »Im Dritten Reich hatte das Böse die Eigenschaft verloren, an der die meisten Menschen es erkennen – es trat nicht mehr als Versuchung an den Menschen heran.« In diesem Abschnitt – so scheint mir beim Wiederlesen ihres Buches – mischen sich in Frau Arendts Zorn und Verachtung für Eichmann eine Art schmerzliches, verhaltenes Mitleid. Zu jener Zeit – es war gegen Kriegsende – drängte Eichmann auf die Fortführung der Vernichtungspolitik, aus Gehorsam gegen den Willen des Führers, der für ihn Gesetz war, und zwar lange, nachdem viele seiner Mitarbeiter und Vorgesetzten das Ende kommen sahen und ihre Haut zu retten suchten, indem sie Juden »retteten«. Was ihr hier in Eichmann Mitleid einflößt – wenn ich diese Stelle richtig gelesen habe –, ist das Ausmaß, bis zu dem er weiterhin Böses tun konnte, nicht nur gegen seine Neigungen, sondern auch als längst keine Aussicht mehr auf eine große Karriere bestand. Die Transporte nach Auschwitz einzustellen, hätte für ihn in seiner Verblendung bedeutet, einer Versuchung erlegen zu sein. Wie die Einfaltspinsel bei Ibsen, die von den »Forderungen des Ideals« faseln, war Eichmann ein Narr, und das Bemitleidenswerte an ihm, wie Frau Arendt ihn sieht, ist gerade seine närrische Folgerichtigkeit.

Gleichnis für die Nichtjuden

Wenn Frau Arendt, selbst Jüdin, in ihrem Herzen Mitleid für Eichmann empfand, ist das Sünde? Ist das das Symptom einer »ästhetischen« Verhaltungsweise? Für einen Christen hat es eher mit Ethik zu tun. Oder sollte das die »Achillesferse« des Nichtjuden sein? Der Christ soll seine Feinde nicht nur bemitleiden, sondern ihnen auch vergeben. Das ist ein schweres Gebot, und wenn der nichtjüdische Leser entdeckt, daß Frau Arendt einen Anflug von Mitleid an den Tag legt für den Possenreißer, der ihr eigenes Volk gemordet hat, so ist er nicht entsetzt, sondern fühlt sich zu Bewunderung veranlaßt. Ihre Gegner werden fraglos einwenden, sie habe für die jüdischen Führer kein Mitleid – oder keine Liebe – übrig gehabt, aber diese bedurften solchen Mitleids genau so wenig wie einer großen Anstrengung, verstanden zu werden. Für uns alle, Frau Arendt eingeschlossen, ist es nur natürlich, daß uns die jüdischen Führer leid tun; ethisch gesprochen zählt jedoch nicht das Mitleid, das wir für unsere Nächsten – Selbstmitleid ist schwerlich eine Tugend –, sondern für die uns am fernsten und scheinbar jenseits des Bereichs menschlichen Mitgefühls Stehenden empfinden.

Ich habe das Buch »Eichmann in Jerusalem« trotz allen Grauens, das es bereithält, mit großer Freude gelesen. Die Freude ist moralischer Natur, denn ich höre in ihm auch eine Art Triumphgesang – nicht den Haßgesang auf den Totalitarismus, sondern einen Triumphgesang der Transzendenz, als fände in ihm etwas wie Vergebung oder Erlösung statt. Der Leser »erhebt sich« über den schrecklichen Stoff des Prozesses, indem ihm die Vernunft zugemutet wird, das alles mit Einsicht zu überblikken. Niemandem wird ausdrücklich vergeben, und doch ist es, als sei man nun durch das Wiedererleben im Erzählten von dieser Hölle befreit. Das mögen die gespürt haben, die Frau Arendt vorwerfen, ästhetische Kategorien benutzt zu haben. Das Buch erzählt in der Tat eine Geschichte. Vielleicht ist es für Juden noch zu früh, das Geschehen schon als Geschichte zu sehen, mit dem Sinn, der Handlung und der Lektion, die alle Geschichten haben, wenn sie erzählt werden.

Für mich jedoch waren Handlung und Lektion fast wie ein Geschenk des Himmels. Als Leser hielt ich mich an die Episoden, die von den geretteten Juden handeln – die Geschichten mit glücklichem Ende. Sie waren die erlösenden Züge eines sonst unerträglichen Geschehens: die Erlebnisse der Juden in Dänemark, Bulgarien und Italien, nicht etwa, weil in diesen Ländern die Nichtjuden sich gut benahmen, sondern weil die Kapitel über diese Länder zeigen, daß es möglich war, sich selbst in größter Not noch anständig zu benehmen. Es ist bemerkenswert, daß da, wo die Nichtjuden sich gut benahmen, die Juden nicht kooperierten (was allerdings auf Holland nicht zutrifft).

Für mich ist das Buch in erster Linie ein Gleichnis für die Nichtjuden, eine Demonstration dessen, was für den Durchschnittsmenschen, den Nachbarn möglich war, der nicht verpflichtet ist, hinter verschlossenen Türen zu Hause zu bleiben, wenn die Polizeiautos die »Juden« nebenan abholen – Juden im bildlichen Sinn, da es wieder geschehen, heute wieder geschehen kann, und dann die Juden von gestern vielleicht nicht die »Juden« von heute oder morgen sind.

In diesem Gleichnis liegt, wie in allen Gleichnissen, ein Gegensatz. Am einen Pol steht Eichmann, stellvertretend für alle Eichmanns im nazistischen Beamtenstaat, für alle »kleinen Leute«, die hinterher fragten: »Was hätten wir denn tun können?« Ihnen lieferten die Dänen eine Antwort, die gleich ausgefallen wäre, hätte auch nur ein einziger Däne den gelben Stern getragen, und wäre er nicht ein König, sondern ein »kleiner Mann« gewesen. Tatsächlich wird der König von Dänemark nicht als König gezeigt, sondern als der andere Nachbar, an dem Eichmann entgegengesetzten Pol. Eine ganze Reihe von Nachbarn, guten und bösen, wird im Verlauf des Prozesses in Jerusalem sichtbar; einer der bösesten ist der päpstliche Nuntius in Ungarn, der bei Horty schriftlich gegen die Deportation der Juden Einspruch erhob und hinzufügte, der Protest des Vatikans entspringe nicht etwa »falschem Mitleid«.

Kein Nichtjude, der in den Jahren der Endlösung erwachsen war, wird »Eichmann in Jerusalem« ohne Reue und Selbstprüfung lesen können. Amerikanische Juden, damals wie heute weit ab vom Schauplatz, mögen ebenfalls beim Lesen des Buches ein gewisses Mißbehagen verspüren, zumal die reicheren, die den Nazis für den Loskauf ihrer Angehörigen große Geldsummen zahlten und sich über das Schicksal »gewöhnlicher« Juden keine allzu großen Sorgen machten. Frau Arendts Schärfe in diesem Punkt mag in einer Zeit, die sie selber noch als Trauerzeit betrachten, lieblos und unangebracht klingen; es ist, als übe jemand Kritik bei einem Begräbnis. Es ist aber doch die Frage, wer mehr Mitleid oder richtiges Empfinden zeigt: jene, die nur ihre Mitmenschen betrauern, oder die, welche rückblickend auf Abhilfe sinnen, denn auf Abhilfe sinnen setzt die unablässige Sorge darüber voraus, daß das Geschehene nie wieder geschehen darf.

Keine Rede ist von Widerruf

Zum Schluß möchte ich noch auf einige Argumente eingehen, die immer wieder vorgebracht worden sind. Von seinem moralischen Niveau mag der folgende Satz Abels eine Vorstellung geben: »Wenn jemand einem anderen die Pistole auf die Brust setzt und ihn zwingt, seinen Freund zu erschießen, ist der Mann mit dem Revolver ästhetisch gesehen weniger häßlich als derjenige, der aus

Todesangst seinen Freund tötet und vielleicht nicht einmal das eigene Leben rettet.« Ihn zwingt, den Freund zu töten? Niemand mit der Waffe in der Hand kann einen Menschen zwingen, einen anderen zu töten; er selbst fällt die Entscheidung, ob er töten will oder selbst sterben. Wenn jemand auf dich zielt und sagt: »Töte deinen Freund oder ich töte dich«, so versucht er dich, deinen Freund zu töten. Mehr nicht.

Ich habe bereits auf die fragwürdige Redlichkeit von Frau Arendts Kritikern hingewiesen, die ihnen gestattet, falsch zu umschreiben oder beliebig zu erfinden. Ich will dies an zwei weiteren Beispielen erläutern. Das erste betrifft den vieldeutigen Gebrauch des Wortes »Opfer«. Frau Arendt kritisiert die jüdische Führerschaft: die jüdischen Führer wurden Opfer; folglich kritisierte Frau Arendt die Opfer – viereinhalb bis sechs Millionen unschuldiger Menschen. Zweitens: Man behauptet allgemein, Frau Arendt habe die Judenmorde in der Ukraine nicht erörtert, weil dies ihre These über die Rolle der jüdischen Führer in der Judenvernichtung völlig über den Haufen geworfen hätte, da das russische Judentum nicht organisiert war. In der Tat erwähnt sie aber mehrmals Judenerschießungen durch Einsatzgruppen auf russischem Hoheitsgebiet: Sie wurden an Ort und Stelle erschossen, gemeinsam mit kommunistischen Funktionären, Zigeunern, Verbrechern und Geisteskranken. Es gab aber Judenräte in Polen, und dennoch befaßt sich Frau Arendt nicht mit der Vernichtung des polnischen Judentums – was mich selbst wunderte. Aber weil ich mich ehrlich wunderte, fand ich auch die Antwort auf diese Fragen [...]. Die Antwort ist Frau Arendts Thema Eichmann; er hatte mit den Erschießungen im Osten, mit der Vergasung polnischer Juden oder der Auflösung polnischer Gettos nichts zu tun. Er hatte die Belieferung der Todeslager zu organisieren.

Hier fiel auch den Judenräten ihre Aufgabe zu: sie waren sozusagen Eichmanns Musterungsbehörde. Wo die Einsatzgruppen Opfer massenhaft an Ort und Stelle erschossen, gab es kein Transportproblem, keine Selektionsfragen, es bedurfte keiner jüdischen Organisation, selbst wenn sie vorhanden gewesen wäre. Die Geschichte der Ostjuden hatte nichts mit der Geschichte Eichmanns zu tun, auf die Frau Arendt sich so weit wie möglich beschränkte.

Zufällig gab mir ein polnischer Freund eine Erklärung für die Leichtigkeit, mit der nicht nur Juden, sondern auch andere Gruppen in russischen Gebieten zusammengetrieben und niedergemetzelt wurden. Der stalinistische Staatsapparat hatte jedes andere Sozialgefüge beseitigt, und als er nach der Invasion der besetzten Gebiete zusammenbrach, blieb nichts übrig, ein gesellschaftliches Vakuum. Es war unmöglich, sich zu verbergen, denn es gab keine Verstecke – keine Klöster, keine Güter, keine privaten Bauernhöfe. Die meisten jüdischen Kinder, die in Polen überlebten, waren in Klöstern verborgen worden, und die Landbevölkerung verkaufte vielfach den in Wäldern versteckten Juden Nahrungsmittel, was in einem russischen Kollektiv, in dem alles bekannt war, unmöglich gewesen wäre. Stalins totalitärer Staat hatte jedes Privatleben ausgemerzt.

Schließlich haben einige Kritiker auf Widersprüche hingewiesen zwischen dem vorliegenden Buch und den *Elementen und Ursprüngen totaler Herrschaft*. Um auch diesen Kritikern gerecht zu werden, will ich hinzufügen, daß ich den Eindruck habe, als seien Frau Arendts Ansichten über die totalitäre Herrschaft nicht mehr so pessimistisch, als sie es zu Lebzeiten Stalins waren. Indessen sind solche Korrekturen auf Grund neuer Dokumente und neuer Ereignisse [...] eine normale Folge des Denkens und brauchen deshalb noch lange nicht zu »Widerruf« und »Zurücknahme« zu führen. Es sei denn, daß die Kritiker dieses Buches die Absicht haben, sich zusammenzutun und eine Privatinquisition oder einen kleinen Polizeistaat auf die Beine zu stellen.

Deutsch von Curt Meyer-Clason.

Die Redaktion der *Welt* stellte dem Artikel folgende Notiz voran:

»Kein Bericht über den Prozeß gegen Adolf Eichmann hat so leidenschaftliche Resonanz gefunden wie das Buch von Hannah Arendt ›Eichmann in Jerusalem. Von der Banalität des Bösen‹. Das Buch, im Mai 1963 im renommierten New Yorker Verlag ›The Viking Press‹ erschienen – die WELT brachte eine ausführliche Besprechung am 30. November 1963 –, löste eine Flut von Stellungnahmen aus, die ausnahmslos darin übereinstimmten, Hannah Arendts Thesen abzulehnen. Mary McCarthy, nichtjüdische Freundin der jüdischen Autorin, schaltete sich mit einem Artikel in der amerikanischen Vierteljahresschrift ›Partisan Review‹ in die Debatte ein. Dieser Artikel, der sich unserer Meinung nach weit über das Niveau der meisten anderen Diskussionsbeiträge erhebt, ist besonders wegen der strikt ethischen Begründung der Zustimmung, die Hannah Arendts Bericht hier erfährt, bemerkenswert und scheint uns eine vortreffliche Paraphrase auf diesen Bericht. Wir drucken Mary McCarthys Aufsatz im folgenden ab, da ihm zum jetzigen Zeitpunkt des Erscheinens von Hannah Arendts Buch in Deutschland (bei Piper) besondere Bedeutung zukommt.«

[Nachdruck aus *Die Welt* vom 10. Oktober 1964, Die Geistige Welt, S. III. Diese deutsche Veröffentlichung ist nicht textidentisch mit dem Beitrag, den Mary McCarthy unter dem Titel »The Hue and Cry« (Geschrei und Gezeter) in *Partisan Review*, Winter 1964, S. 82–94, publizierte. Die genauen Angaben zu den von McCarthy erwähnten Stellungnahmen lauten (in der Reihenfolge ihrer Nennung): Michael A. Musmanno (dt. in: *Die Kontroverse*, S. 85–90; 114–116; die Originaltitel siehe in der Einleitung der Herausgeber, Anm. 32, S. 161); Hugh Trevor-Roper (dt.: »Wie unschuldig war Eichmann?«, in: *Die Kontroverse*, S. 182–189); R[ichard] H. S. Crossman (»The Case Against Arendt«, in: *The Observer*, 13. Oktober 1963); A. Alvarez (dt.: »Es geschah nicht überall«, in: *Die Kontroverse*, S. 176–181); George Lichtheim (siehe Anm. 33 zu Brief Nr. 3, S. 183); Bruno Bettelheim (dt.: »Eichmann – das System – die Opfer«, in: *Die Kontroverse*, S. 91–113, und »Antwort an Richter Musmanno«, a.a.O., S. 117–118); Daniel Bell (»The Alphabet of Justice: Reflections on ›Eichmann in Jerusalem‹«, in: *Partisan Review* 30, 1963, Heft 3, S. 417–429); Lionel Abel (»The Aesthetics of Evil: Hannah Arendt on Eichmann and the Jews«, in: *Partisan Review* 30, 1963, Heft 2, S. 211–230).]

Reinhard Baumgart

Mit Mördern leben?
Ein Nachwort zu Hannah Arendts Eichmann-Buch

Seit Monaten hat sich der 20. Jahrestag der nationalsozialistischen Kapitulation angekündigt, nicht als die Wiederkehr eines Datums, das in unserer Erinnerung nie verjähren wird, sondern peinlicherweise als möglicher Beginn einer Verjährung nationalsozialistischer Gewaltverbrechen. Peinlich allerdings waren in ihrem blinden und gerechten Eifer auch viele Argumente gegen diese Verjährungsfrist. Aus ihnen las man allzuoft ein Verlangen nach der »vollständigen« Aburteilung der Verbrechen und Verbrecher, als wäre die überhaupt erreichbar und als könnte damit »reiner Tisch« gemacht werden. Vergangenheit kann nie bewältigt werden im Sinne von »erledigt«, auch nicht und schon gar nicht juristisch. Denn eine Justiz, die mit Genugtuung und dem StGB von 1871 straffällige Funktionäre aburteilt, kann durchaus ahnungslos bleiben gegenüber dem, worüber sie zu Gericht sitzt – fruchtlos für das, was in Zukunft wieder drohen könnte. Die Gesetze, mit denen sie hantiert, ahnen nichts von der »Banalität des Bösen«, von den Bedingungen seines Auftretens und also auch: von den Möglichkeiten einer Wiederholung.

Deshalb und nicht nur der Person Eichmanns und seiner Taten wegen wird Hannah Arendts viel, aber noch längst nicht zuende diskutierter Bericht aus Jerusalem so schnell nicht verjähren. Sie nämlich sah in diesem Prozeß keineswegs einen außerordentlichen, allen Vergleichen entzogenen Skandal verhandelt, sondern den Musterfall für alles, was damals geschehen konnte und geschehen ist, was wieder geschehen könnte.

Noch bevor es in Deutschland erschien, ist dieses Buch international und heftig angefeindet worden (siehe *Die Kontroverse: Hannah Arendt, Eichmann und die Juden*. Nymphenburger Verlagshandlung, 1964). Und tatsächlich, der Bericht enthält, von allen seinen einzelnen Behauptungen und Beweisgängen abgesehen, schon grundsätzlich eine Zumutung. Er mutet dem Lesenden den Versuch zu, auch Eichmann, auch die Vorbedingungen für die »Endlösung« zu »verstehen«. »Wesentlich ist für mich«, hat Hannah Arendt in ihrem Interview mit Günter Gaus gesagt: »ich muß verstehen«, und solches Verstehen setzt sich seit jeher dem Mißverständnis aus, es laufe auf eine Billigung des Verstandenen hinaus. Es hebt immerhin die Distanz auf, die vollkommene Unbegreiflichkeit und Fremdheit, in der gerade für die Überlebenden der Judenausrottung das damals Geschehene stehen geblieben ist. Hannah Arendt versucht, praktisch zu reagieren auf etwas, das bisher fast immer nur pathetisch oder, in den historischen Monographien, rein faktisch ins Gedächtnis gerufen wurde. War, so möchte sie fragen, das Geschehene durchaus unvermeidbar? Würde also ähnliches auch in Zukunft unvermeidbar sein? Denn schließlich: ist überhaupt der Prozeß von Jerusalem, ist unsere Vergangenheit ihr einziger und endlicher Gegenstand? Dieses Buch, vermute ich, wäre nie geschrieben worden ohne den Gedanken an die »Möglichkeit der Wiederholung der von den Nazis begangenen Verbrechen«.

Ob die Atombombe die Gegenwart von Auschwitz ist, wie Enzensberger gesagt hat, das läßt sich bezweifeln, und gerade Hannah Arendt hat es kürzlich bezweifelt (vgl. den Briefwechsel im Aprilheft des »Merkur«).

Doch sie sieht (wie vor ihr schon Reitlinger) die logische Kette, die von Hitlers den »Gnadentod« verfügendem Euthanasieprogramm bis zu den Vernichtungslagern führt, und sie verlängert diese Linie radikal bis zu der Vermutung: »Es ist sehr gut denkbar, daß in einer absehbaren Zukunft mit automatisierter Wirtschaft Menschen in die Versuchung kommen, alle diejenigen auszurotten, deren Intelligenzquotient unter einem bestimmten Niveau liegt.«

Deshalb folgt sie nicht der Anklage von Jerusalem, die lieber vom Einmaligen, vom »Verbrechen am jüdischen Volk« redete, statt das Programm der Menschenvernichtung als etwas Wiederholbares, als »Verbrechen an der Menschheit« zu definieren. Deshalb ist in ihrem Buch kaum je die Rede von Antisemitismus, was viele ihrer jüdischen Kritiker nicht nur erstaunt, was sie entsetzt haben mag. Hannah Arendt denkt nicht daran, Auschwitz der langen Leidensgeschichte der Pogrome zuzuschlagen. Sie denkt auch hier praktisch statt pathetisch. Nicht was sich an Vergangenheit fortsetzt, sondern was sich als Modell und mögliche Zukunft ankündigt in dieser Politik der Ausrottung, das also versucht sie zu fassen. Zwei Fragen, so sagt sie einleitend, werden sie vor allem beschäftigen: die nach »der Art des Verbrechens« (dem administrativen Völkermord) und die nach »dem Wesen des Angeklagten« (eines administrativen Mörders). Gerade die Anklage und die Verteidigung von Jerusalem, so befürchtet sie, haben sich auf diese Fragen nicht ernstlich eingelassen, sondern den unerhörten Fall wie einen üblichen behandelt, folglich faßbar mit dem üblichen juristischen und moralischen Instrumentarium, mit all seinem begriffsspalterischen und sentimentalen Zubehör. Deshalb möchte sie die ungesprochenen Plädoyers nachliefern, fragt ihrerseits nach Grundlagen, Sinn und Möglichkeiten eines solchen Prozesses.

Um dieses ganze Programm einzulösen, bewegt sich die Untersuchung fortlaufend und gleichzeitig über verschiedene Ebenen. Die Reportage des Prozeßverlaufs wird untrennbar vom historischen Bericht über das im Prozeß Aufgerollte. Rechtsphilosophische Diskussionen und Musterung des positiven Rechts, psychologische, moralphilosophische und politische Überlegungen greifen ineinander, werden nahezu ununterscheidbar. Unaufhörlich und auch verwirrend wechseln die Aspekte. Auch scheinbar schon festgehaltene Resultate können sich, manchmal hinter dem Rücken der Autorin selbst, wieder auflösen in Fragen.

In dieser nie geglätteten Unruhe, diesem unendlichen Prozeß des Fragens, Antwortens, Zögerns und Wiederfragens sehe ich die entscheidende, die humane Qualität des Buches. Da schlägt das auf ewig Beunruhigende eines Gegenstandes durch, »vor dem das Wort versagt und an dem das Denken scheitert«, der weder beschreibend noch definierend je ganz einzuholen ist. Auch Hannah Arendt muß sich freilich einlassen auf juristische Plan- und Sandkastenspiele. Wer dann ihre aufreibenden Unterscheidungen liest zwischen passivem Personalitätsprinzip und Universalprinzip, formal und substantiell rückwirkenden Gesetzen, Unrechtsbewußtsein und Verantwortung, der mag sich vorübergehend weniger harmlos vorkommen als die Autorin. Sieht es nicht aus, als sollten solche, für jeden Zweckdienst abzurichtende Begriffe scheinhaft Ordnung stiften dort, wo »das Denken scheitert«? Doch ihr Eifer gilt nie der eitlen Bemühung, nachträglich etwa ein juristisches mot juste für das Geschehene zu finden. Auch hier denkt sie, über Eichmann und Jerusalem hinaus, an anwendbares, vielleicht vorbeugendes Recht für eine Zukunft, in der Probleme der internationalen Feindschaft oder der Bevölkerungs-Expansion mit einem Vernichtungspotential »gelöst« werden könnten, »dem gegenüber Hitlers Gasanlagen sich wie die stümperhaften Versuche eines bösartigen Kindes ausnehmen« würden.

Auf diese Dimension also, die hinausreicht über die Geschichte des Antisemitismus und auch des Nationalsozialismus, hat Hannah Arendt ihren Prozeßbericht verlängert. Kein ideologischer Wahn, erst recht nicht die schale Biographie Eichmanns kann ihr erklären, wie diese scheinbar harmlose und doch schlichtweg amoralische Person zum prominentesten Handlanger der »Endlösung« wurde. Also fragt sie nach dem Hintergrund seiner Geschichte, nach dem moralischen Klima im Mitteleuropa der frühen vierziger Jahre. Daß sie Gewissen damals weder in Eichmanns Umgebung, noch in der deutschen Öffentlichkeit fixieren kann, erstaunt nicht. Daß auch viele (nämlich die ungetrübt nationalen) Proklamationen des Widerstandes ihr merkwürdig gewissensfrei klingen, daß selbst die Judenräte wie widerstandslos kooperierten, daß ja auch die hier und da geforderten und gestatteten Gnadenausnahmen die Regel der Ausrottung nur bestätigen – das alles ist peinlicher, peinlich wie Hochhuths Frage nach dem »Stellvertreter«. Dazu konnten Interessengruppen auch diesmal nicht schweigen. Die »Kontroverse« war fällig.

Pietät, wie sie dabei gefordert wurde, vor den Opfern des 20. Juli oder der kaum noch einfühlbaren Lage der Judenräte, ist Hannah Arendts starke Seite nicht. Durfte sie es sein, da ihr Buch doch Erkenntnis im Sinn hat und nicht Gedenken? Soweit Pietät nur bedeutet, nicht so genau hinzusehen, oder gar: nicht auszusprechen, was auf der Zunge liegt, scheint sie mir eher fatal. Manche Seiten der »Kontroverse« zeigen die Spuren solcher Verdrängung, den fast zum Haß gesteigerten Unwillen, fremden Argumenten auch nur zuzuhören. Selbst ein Historiker und Polemiker vom Rang Golo Manns verlor da vorübergehend die Kontrolle über Diktion und historische Fakten, schien »außer sich«. Was seine und anderer Angriffe gereizt verkennen: auch in ihren gewagtesten Zweifeln und Behauptungen geht es der Autorin nie um Denunziation. Sie zeigt nur, was notwendig ist, will man alle Bedingungen für Eichmanns Verbrechen (und damit die Vorbedingungen für eine mögliche Wiederholung) rekonstruieren, sie zeigt auch Goerdeler, auch Leo Baeck oder Kastner als Gefangene der damaligen Lage. Von niemandem hörbar angefochten, so stellt sie fest, wie durch einen moralisch luftleeren Raum lief fast reibungslos die »Endlösung«. Fast, denn es gab nicht nur einzelne Bürger, es gab sogar ganze Gesellschaften, die ihre Mitbürger der Vernichtung entzogen, so die Dänen und Bulgaren. Sie immerhin bewiesen, was fast überall möglich gewesen wäre.

In dieser Atmosphäre des stummen Einverständnisses, des mitleidenden Wegblickens oder bloßen Verdrängens also operierte der Angeklagte von Jerusalem. Er war – »folglich« möchte Hannah Arendt fast sagen – so beflissen und gedankenlos im Zusammenstellen seiner Züge wie andere offenbar im Wegblicken oder Kooperieren. Die Art seiner Aufgaben und ihre damals unangefochtene Abwicklung entsprachen genau seinem Wesen, das sich zwar von organisatorischen, nicht aber von moralischen Schwierigkeiten bedrücken ließ. Ein Sadist, Lustmörder und Richard III. wäre da falsch am Platz gewesen. Doch genau das hat die Anklage bis zum letzten Tage in ihm sehen wollen. Sie konnte sich nicht einmal damit abfinden, daß Eichmann offenbar nur ein lauer Antisemit war. Was diesen Wahn betrifft, so hätte man vermutlich aus jedem dritten Mietshaus in New York oder Frankfurt einen »plausibleren« Angeklagten aufgetrieben.

Für Hannah Arendt sitzt ein anderer im Glaskasten, der Art seines Verbrechens nach zwar zu beschreiben als hostis generis humani, als Privatperson aber behaftet mit nicht nur normalen, sondern auch mit lächerlichen Zügen: eine ebenso entsetzliche wie traurige Figur, Weltfremdheit, mörderisch auf die Spitze getrieben, eine Perversion der Beamtenmoral entdeckt sie in ihm: er hat sich »niemals vorgestellt, was er eigentlich anstellte«. Auch nach 1945 hatte er sich nicht geändert, genau das machte ihn zu einem so gefügigen, ja beflissenen Angeklagten. Er bediente den Vernehmungsoffizier und das Gericht mit dem gleichen trockenen Eifer, mit dem er Himmler »bedient« hatte. Viel spricht dafür, daß er fast aufatmend diese neue und letzte Gelegenheit wahrnahm, Aufträgen gegenüber seine einzige und rücksichtslose »Tugend«, den für alle Folgen blinden Gehorsam zu beweisen, diesmal gegenüber »Geständnisaufträgen«, die unweigerlich zu seinem eigenen Tod führen mußten. Er war, das gehört zu der so erbärmlichen wie erbarmungswürdigen Leere dieser Person, der beflissene Mitarbeiter auch an seinem eigenen Tod. Nach fünfzehn Jahren bloßem Vegetieren (einem »führerlosen, schweren Eigenleben«, in seinem Jargon) sah er sich in Jerusalem endlich wieder von oben her, durch den Vernehmungsoffizier und das Gericht beschäftigt: »er arbeitete hart«, wie Hannah Arendt sagt – weniger um Tatsachen zu verschleiern, wie nahezu alle anderen Angeklagten in ähnlichen Prozessen, als um sie klarzustellen, »korrekt« in seinem Sinne. Kaum je bestritt er das Faktische, seine Tätigkeit, immer nur seine Verantwortung. Auch darin hatte er sich nicht geändert, das heißt, er gestand genauso, wie er gehandelt hatte: beflissen und verantwortungslos. Noch das Todesurteil paßte genau in seine Welt, denn für ihn war es sinnlos. Doch beflissen, mit routinierter Fassung unterzog er sich auch dieser sozusagen letzten Anordnung. Am liebsten, so behauptete er einmal, hätte er sich selbst erhängt. Das ist wahrscheinlich.

Man ahnt, daß solche »Banalität« das »Böse« nicht harmloser macht. Im Gegenteil. Beruhigend wäre es, könnte man es auch künftig an unübersehbaren Kainsmalen erkennen. Ich aber fürchte, nach dieser Lektüre, wir werden tatsächlich »mit Mördern leben« müssen, nicht nur mit gewesenen, die mit oder ohne Verjährungsfrist nie mehr entdeckt werden, oder mit längst wieder freigelassenen, nein, auch mit nur potentiellen Mördern, gewissenlosen, noch unbescholtenen Pflichtnaturen im Zuschnitt Eichmanns.

Ist es erlaubt, von solchen Möglichkeits-Mördern überhaupt zu sprechen? Sie sind ja im Augenblick noch so schuldlos wie unscheinbar, Talente einfach der vollkommenen, notfalls amoralischen Subalternität. Jeder von ihnen, kein Zweifel, hat die Chance, sein »anständiges« Leben anständig zu Ende zu führen. Doch ebenso zweifellos würden sie jedes System bedienen, das wortlos an ihre Fähigkeit appelliert, »sich niemals vorzustellen, was sie eigentlich anstellen«.

Einem solchen System vorzubauen, mit allen Mitteln, das wäre ein Versuch, »Zukunft zu bewältigen«, statt nur Vergangenheit. Die heute und noch weiterhin laufenden Strafprozesse tun weder das eine noch das andere. Nach StGB-Regeln scheiden sie »Abschaum« von »Bürgern«. Fast wohltätig schützen sie uns vor unserer Vergangenheit, vor allzu vorlauten Gedanken an unsere Mitverantwortung. Und in Extremfällen beweisen sie, daß es nach geltendem Recht gefährlicher ist, ein Auto ohne Führerschein zu fahren, als aus sicherer Distanz an der Ausrottung von einigen Millionen Menschen mitzuwirken.

[Erschienen in: *Merkur*, Nr. 206/1965, S. 482–485 – Die Gesetzbucherwähnungen (S. 146 u. 154) verweisen auf das StGB, nicht auf das BGB.]

Anhang

Anmerkungen

Zur Einleitung der Herausgeber

1 So der Untertitel von Arendts Buch *Eichmann in Jerusalem*. Der Bericht erschien zunächst in fünf Teilen (und ohne Untertitel) in der Rubrik »A Reporter at Large« der Zeitschrift *The New Yorker*, Nummern vom 16. Februar bis 16. März 1963. Kurz darauf veröffentlichte die New Yorker Viking Press die gegenüber der Artikelfolge leicht veränderte Buchausgabe: *Eichmann in Jerusalem: A Report on the Banality of Evil*. Siehe auch die bibliografische Information in *Hannah Arendt Newsletter*, Heft 4, April 2001, S. 60. – Im folgenden wird *Eichmann in Jerusalem* nach der im Literaturverzeichnis angegebenen deutschen Ausgabe zitiert.

2 Siehe in dieser Ausgabe S. 43 f. und Anmerkung 9 auf S. 171.

3 Fest, *Das Gesicht des Dritten Reiches*, S. 391.

4 S. 36–60. Die Sendung war am 19. September aufgenommen worden. Die Herausgeber haben sie zunächst in der Internet-Zeitschrift *HannahArendt.net*, 3/2005 unter »Documents«, veröffentlicht; vgl. auch die Editorische Notiz S. 206 f.

5 Über seine Tätigkeit als »vernehmender Lektor« (Wolf Jobst Siedler) berichtet Fest Jahrzehnte später in dem 2005 kurz vor seinem Tod veröffentlichten Band *Die unbeantwortbaren Fragen*. Seine Speer-Biografie war 1999 erschienen. Genaue Angaben zu beiden Titeln im Literaturverzeichnis.

6 »Könnte vielleicht das Denken als solches – die Gewohnheit, alles zu untersuchen, was sich begibt oder die Aufmerksamkeit

erregt, ohne Rücksicht auf die Ergebnisse und den speziellen Inhalt – zu den Bedingungen gehören, die die Menschen davon abhalten oder geradezu dagegen prädisponieren, Böses zu tun?« Arendt, *Vom Leben des Geistes*, Bd. I *(Das Denken)*, S. 15.

7 Brief an das Vassar College, 2. Januar 1961, anlässlich der Absage eines Vortrags. – Nachdem Premierminister Ben Gurion der internationalen Öffentlichkeit mitgeteilt hatte, dass Eichmann in Jerusalem vor Gericht gestellt werden würde, fragte Hannah Arendt beim *New Yorker* an, ob sie als offiziell entsandte Reporterin am Prozess teilnehmen könnte. Die Antwort fiel zustimmend aus, was für Arendt hieß, für das Jahr 1961 eine Reihe von bereits eingegangenen Verpflichtungen abzusagen und/oder zu verschieben. Hierzu mit vielen Details Young-Bruehl, *Hannah Arendt*, S. 451 ff., die zitierte Briefpassage dort auf S. 452.

8 Vgl. die »Field Reports« sowie die Korrespondenz mit Gershom Scholem, die als Zeugnis jener Tätigkeit überliefert sind, in: Hannah Arendt / Gershom Scholem, *Der Briefwechsel 1939–1964*, hg. von Marie Luise Knott unter Mitarbeit von David Heredia, Berlin: Suhrkamp, 2010.

9 Hannah Arendt an die Rockefeller Foundation, 20. Dezember 1960, zitiert nach Young-Bruehl, *Hannah Arendt*, S. 452. – Arendt hat sich vom Beginn des Prozesses am 11. April 1961 bis in den Mai in Jerusalem aufgehalten, war also bei den ersten Zeugenanhörungen zugegen. Sie kehrte am 17. Juni noch einmal nach Jerusalem zurück, um Eichmann für etwa eine Woche im Zeugenstand zu erleben.

10 Arendt, *Eichmann in Jerusalem*, S. 373.

11 Arendt, *Eichmann in Jerusalem*, S. 399.

12 Arendt, *Eichmann in Jerusalem*, S. 127.

13 Arendt, *Eichmann in Jerusalem*, S. 100.

14 Arendt, *Eichmann in Jerusalem*, S. 176.

15 Arendt, *Eichmann in Jerusalem*, S. 57.

16 *Eichmann in Jerusalem*, S. 132. Siehe auch Arendt, Fernsehgespräch mit Günter Gaus, S. 64.

17 Hannah Arendt an Mary McCarthy, 7. Juni 1962, *Arendt-McCarthy-Briefwechsel*, S. 217.

18 Vgl. für die vorangehenden Zitate Arendts Briefe an McCarthy vom 20. Mai, 7. Juni und 30. Oktober 1962, *Arendt-McCarthy-Briefwechsel*, S. 210, S. 216, S. 224. Zur gleichen Zeit entstand Arendts Buch *On Revolution*, in dessen endgültige Niederschrift Mary McCarthy als Kritikerin und »Englisher« einbezogen war. – Die erwähnten »Prozessmaterialien« hat Arendt aufbewahrt. Sie sind heute Teil ihres Nachlasses in der Library of Congress (Kopien im Hannah Arendt-Zentrum an der Universität Oldenburg), sie enthalten eine Fülle von Lesespuren.

19 Zitiert aus einem in der Library of Congress aufbewahrten Brief Mary McCarthys, datiert 13. März 1963, der in der Ausgabe der *Arendt-McCarthy-Briefe* nicht enthalten ist.

20 Hannah Arendt an Karl Jaspers, 20. Juli 1963, *Arendt-Jaspers-Briefwechsel*, S. 546.

21 Fest, »Das Mädchen aus der Fremde«, S. 180.

22 Siehe den entsprechenden Artikel in Israel Gutman (Hg.), *Enzyklopädie des Holocaust: Die Verfolgung und Ermordung der europäischen Juden*, München/Zürich: Piper, 2. Aufl., 1998, Bd. I, S. 74 f.

23 Die Erklärung, hier nachgedruckt als Dokument auf S. 109–111, erschien erstmals in *MB*, dem in Tel Aviv veröffentlichten Mitteilungsblatt der Irgun Olej Merkas Europa. Dazu und zu den anschließenden Veröffentlichungen siehe Richard J. Cohen in dem Abschnitt »Jews from Germany and *Eichmann in Jerusalem*« in seiner Studie »Breaking the Code: Hannah Arendt's *Eichmann in Jerusalem* and the Public Polemic: Myth, Memory, and Historical Imagination«, in: *Michael: On the History of the Jews in the Diaspora* XIII, Tel Aviv 1993, S. 29–85, S. 46–59; vgl. auch ders., »A Generation's Response to Eichmann in Jerusalem«, in: *Hannah Arendt in Jerusalem*, hg. von Steven Aschheim, Berkeley etc.: University of California Press, 2001, S. 253–277, besonders S. 257–267. – Der öffentlichen Erklärung vorausgegangen war ein privater Briefaustausch zwischen Siegfried Moses, dem damaligen Präsidenten des Council, und Hannah Arendt, in dem Moses die Absicht des Council ankündigte. Dazu Young-Bruehl, *Han-*

nah Arendt, S. 477; ferner Klaus Naumann, »Sympathy for the Devil? Die Kontroverse um Hannah Arendts Prozessbericht ›Eichmann in Jerusalem‹«, in: *Mittelweg* 36, Februar/März 1994, S. 65–79, S. 67 f., dort (S. 72) auch ein Abdruck des Briefes von Moses.

24 Raul Hilberg, *The Destruction of the European Jews*, Chicago: Quadrangle Books, 1961; dt. *Die Vernichtung der europäischen Juden*, aus dem Englischen von Christian Seeger u. a., Berlin: Olle & Wolter, 1982.

25 Council of Jews from Germany, »Die Reaktion der Juden …«, S. 111.

26 »Um Ehre und Rettung: Die jüdische Führung in der Nazizeit« ist der Titel des ersten Artikels einer Reihe von Veröffentlichungen in *MB*, sein Verfasser: Kurt Löwenstein, siehe *MB*, Nr. 14/15, vom 5. April 1963, S. 9–11.

27 Die Broschüre erschien unter dem Titel *Nach dem Eichmannprozess: Zu einer Kontroverse über die Haltung der Juden*. Im darauf folgenden Jahr werden die darin abgedruckten Beiträge mit aufgenommen in den Band *Die Kontroverse*, den die Münchner Nymphenburger Verlagshandlung zusammenstellen wird, genaue Angaben zu beiden Titeln im Literaturverzeichnis. Siegfried Moses schrieb zu der Broschüre ein Vorwort, dem das vorangehende Zitat entnommen ist, *Nach dem Eichmannprozeß*, S. 6. – *Die Kontroverse* sammelt, wie der Verlag in einer Vorbemerkung mitteilt, »die wichtigsten Aufsätze, Kritiken und Kommentare […], die seit Erscheinen von Hannah Arendts umstrittenem Eichmann-Bericht veröffentlicht wurden«. Es ist eine Sammlung überwiegend von »Gegendarstellungen«, wie es heißt, von denen jedoch viele diese Bezeichnung nicht verdienen, so manches ist zudem »zänkisch-kleinlich« (F.K. Fromme). Hannah Arendt kommt nicht zu Wort – auch nicht in den Fällen, in denen öffentliche Erklärungen von ihr existieren. So enthält *Die Kontroverse* zwar Musmannos Kritik (siehe unten Anmerkung 32), aber nicht Arendts »statement« (Anmerkung 34); so ist Scholems Brief abgedruckt, aber nicht Arendts Antwort (dazu Anmerkung 30).

28 Einige der im *Aufbau* veröffentlichten Artikel sind in *Die Kontroverse* nachgedruckt.

29 Hannah Arendt an Karl Jaspers, 9. August 1963, *Arendt-Jaspers-Briefwechsel*, S. 552. – Arendts Artikel im *Aufbau* aus den 1940er-Jahren sind nachgedruckt in Hannah Arendt, *Vor Antisemitismus ist man nur noch auf dem Monde sicher: Beiträge für die deutsch-jüdische Emigrantenzeitung ›Aufbau‹ 1941–1945*, hg. von Marie Luise Knott, München/Zürich: Piper, 2000.

30 Hannah Arendt, »Sie haben mich missverstanden: Die Autorin antwortet Gershon [sic!] Scholem«, in: *Aufbau: An American Weekly*, 20. Dezember 1963 (Halbmonats-Beilage »Der Zeitgeist«), S. 17 f. – Die ursprünglich privat ausgetauschten Briefe (Scholem an Arendt aus Jerusalem am 23.6.1963; Arendt an Scholem aus New York am 20.7.1963), erstmals in *MB* (16.8.1963) veröffentlicht, erschienen am 19. Oktober 1963 in der NZZ und schließlich in englischer Sprache im *Encounter* (Nr. 1/1964, S. 51–56). Sie sind die wohl meist zitierten und nachgedruckten Einzelstücke der Kontroverse, zuletzt, ausführlich annotiert, in: Arendt / Scholem, *Der Briefwechsel 1939–1964*, S. 428–446. Siehe zur Veröffentlichung der Briefe auch Arendt an Jaspers vom 20. Oktober 1963, *Arendt-Jaspers-Briefwechsel*, S. 559.

31 Joseph Maier, »Was hat Hannah Arendt eigentlich gesagt?«, in: *Aufbau*, 20. Dezember 1963, S. 17 f. – Über Maiers Beitrag zur Kontroverse berichten wir hier ausführlicher, weil nicht auszuschließen ist, dass Arendt an dieser Klarstellung mitgewirkt oder sich intensiv mit Maier verständigt hat. Auffällig jedenfalls sind Parallelen von Maiers *Aufbau*-Artikel zu einem Brief, den Arendt am 29. August 1963 an Robert Weltsch geschrieben hatte, Kopie im Jaspers-Nachlass (DLA, Signatur A: Jaspers, Kasten 46 [=15]), siehe auch Young-Bruehl, *Hannah Arendt*, S. 482 f.

32 Michael A. Musmanno, »Man with an Unspotted Conscience: Adolf Eichmann's Role in the Nazi Mania Is Weighed in Hannah Arendt's New Book«, in: *The New York Times Book Review*, 19. Mai 1963, S. 1, S. 40 f., dt.: »Der Mann mit dem unbefleckten Gewissen«, in: *Die Kontroverse*, S. 85–90.

33 Arendt, *Eichmann in Jerusalem*, S. 320 f.

34 Das handschriftliche »statement« vom 31. Mai 1963, als Leserbrief (»Dear Editor«) abgefasst, ist unter den Hannah Arendt Papers der LOC erhalten, die gedruckte Fassung erschien in *The New York Times Book Review* am 23. Juni 1963, S. 4. Vgl. auch Hannah Arendt an Mary McCarthy am 20. September 1963, *Arendt-McCarthy-Briefwechsel*, S. 233.

35 Siehe »A Reply from Judge Musmanno«, in: *The New York Times Book Review* vom 23. Juni 1963, S. 4 f. – Über die privaten Bemühungen von Richter Musmanno siehe die bei den Hannah Arendt Papers in der Library of Congress aufbewahrten Korrespondenzen. Gegenüber *The New Yorker* kann Musmanno (die Korrespondenz ist online abrufbar) insofern einen Erfolg verbuchen, als die Redaktion sich am 20. Juli 1963 – entgegen ihren sonstigen Gepflogenheiten – in einer Art (nachgeholtem) Editorial (siehe dazu im Brief Nr. 3 von Fest an Arendt, S. 75, und dort Anmerkung 38) äußert. Bei Viking Press (online nicht abrufbar) ist er offenbar schon vor der Veröffentlichung seiner Besprechung vorstellig geworden und hat ein paar Korrekturen durchsetzen können, siehe den Brief von Denver Lindley an Hannah Arendt vom 1. April 1963.

36 Siehe Anthony Grafton, »Arendt und Eichmann am Eßtisch«, in: *Hannah Arendt Revisited: »Eichmann in Jerusalem« und die Folgen*, hg. von Gary Smith, Frankfurt am Main: Suhrkamp (edition suhrkamp 2135), 2000, S. 57–77.

37 Hannah Arendt an Karl Jaspers am 20. Juli 1963, *Arendt-Jaspers-Briefwechsel*, S. 547.

38 Anson Rabinbach, »Hannah Arendt und die New Yorker Intellektuellen«, in: *Hannah Arendt Revisited*, S. 33–56, S. 53, 41; siehe auch ders., »Eichmann in New York: The New York Intellectuals and the Hannah Arendt Controversy«, in: *October* 108, Spring 2004, S. 97–111.

39 Golo Mann, »Der verdrehte Eichmann«, in: *Die Zeit* vom 24. Januar 1964, d. i. ein Auszug aus ders., »Hannah Arendt und der Eichmann-Prozeß«, in: *Die neue Rundschau* 74, 1963, Heft 4, S. 626–633.

40 Golo Mann, »Der verdrehte Eichmann«, Fassung in: *Die Kontroverse*, S. 190–198, in der vorliegenden Ausgabe S. 113–126, S. 125 f.

41 In diesem Sinne wird *Die Kontroverse* in der Öffentlichkeit aufgenommen, vgl. zum Beispiel Manfred Henningsen in der Münchner *Abendzeitung* vom 26./27. September 1964, wo in einer Bilderfolge »die Front der Arendt-Gegner«: Martin Buber, Probst Grüber, Manès Sperber und Golo Mann – alle Autoren in dem Band *Die Kontroverse* – vorgestellt wird. Probst Grüber z. B. schreibt in seinem Beitrag in *Die Kontroverse* (S. 235), dass Arendts Buch »besser nicht geschrieben worden wäre«, und in seinem Brief an Klaus Piper vom 24. August 1964 heißt es, eine deutsche Ausgabe würde »uns und vor allen Dingen der deutschen Jugend einen sehr schlechten Dienst leisten«; letzterer zitiert nach Klaus Naumann, »Sympathy for the Devil?«, S. 70. Vgl. auch Rolf Schroers (*Die Kontroverse*, S. 199): Golo Mann habe »unüberhörbar empfohlen, eine deutsche Ausgabe gar nicht erst zu veranstalten«.

42 Siehe die Briefe von Klaus Piper an Karl Jaspers vom 12. August 1964 und vom 15. Oktober 1964, Kopien im DLA , Signatur: A: Piper.

43 Siehe (Anm. 34) die erwähnte Stellungnahme Arendts in der *New York Times Book Review*.

44 Hannah Arendt an Mary McCarthy am 3. Oktober 1963, *Arendt-McCarthy-Briefwechsel*, S. 238 f. – Einen Essay unter dem Titel »Truth and Politics« wird Arendt erst 1967 veröffentlichen (dt. »Wahrheit und Politik«, 1969). Die »Einschätzung« nimmt sie in der »Vorrede« zur deutschen Ausgabe von *Eichmann in Jerusalem* vor. Siehe auch Anmerkung 46.

45 Nur der Veröffentlichung ihres privaten Briefes an Gershom Scholem stimmt sie, wenn auch widerstrebend, zu, siehe oben Anmerkung 30. – Arendts Reaktionen auf die Kontroverse können u. a. auch in ihren Briefwechseln mit Karl Jaspers und Mary McCarthy nachgelesen werden.

46 Hannah Arendt, »Vorrede«, in: *Eichmann in Jerusalem*, S. 49–68. Die Vorrede hat Arendt für die zweite englische Ausgabe des Buches (1965) überarbeitet und dort als »Postscript« eingefügt.

47 In Arendts Nachlass in der Library of Congress gibt es unter »Essays und lectures« einen Folder »Eichmann, Adolf – Lectures, various venues – 1962–1964« (32 »images«, online abrufbar). Darin befinden sich u. a. Aufzeichnungen zu sechs Vorträgen an verschiedenen amerikanischen Universitäten. Hinzu kommen die in Anmerkung 49 genannten Manuskripte.

48 Arendt an Jaspers, 9. August 1963, *Arendt-Jaspers-Briefwechsel*, S. 552.

49 Paper »Columbia University – Jewish students – Eichmann – July 23, 1963«, zwei Seiten maschinenschriftlich, The Hannah Arendt Papers unter »Private replies to Jewish critics«, online abrufbar als »images 5, 6«; vgl. auch Paper »Chicago University – Jewish Students – October 30, 1963«, vier Seiten maschinenschriftlich, am gleichen Ort, online abrufbar als »images 9–12«.

50 Siehe Hannah Arendt an Karl Jaspers, 19. Februar 1964, *Arendt-Jaspers-Briefwechsel*, S. 581.

51 Vgl. Hannah Arendts Schilderungen des Konflikts im Brief an Karl Jaspers vom 8. Februar 1963, in: *Arendt-Jaspers-Briefwechsel*, S. 534 f.

52 Vgl. hierzu Thomas Wild, *Nach dem Geschichtsbruch. Deutsche Schriftsteller um Hannah Arendt*, Berlin: Matthes & Seitz Berlin, 2009, S. 120–146. – Übersetzt wurde die englische Buchausgabe schließlich von Brigitte Granzow, Hannah Arendt hat sie autorisiert. Genaue Angaben oben in Anmerkung 1 und im Literaturverzeichnis.

53 *Arendt-Jaspers-Briefwechsel*, S. 589.

54 Im Augustheft 1963 des *Merkur* (17. Jg., 1963, S. 759–776) erschien unter dem Titel »Adolf Eichmann: Von der Banalität des Bösen« ein redaktionell gekürzter Vorabdruck der Kapitel II (Der Angeklagte) und Kapitel III (Fachmann der Judenfrage). *Die Zeit* veröffentlichte am 11. September 1964 (S. 30) »wesentliche Teile« der »Vorrede« zur deutschen Ausgabe unter dem Titel »Schuld bleibt Schuld: Wider die Theorie vom ›Rädchen im Getriebe‹«. Schließlich wurde die »Vorrede« im Heft B 45 (4. November 1964, S. 39–47) der Beilage *Aus Politik und Zeitgeschichte* vollständig nachgedruckt.

55 Mary McCarthy, »Ein Dokument ethischer Verantwortung. Zu Hannah Arendts Bericht ›Eichmann in Jerusalem‹«, in: *Die Welt* vom 19. Oktober 1964, nachgedruckt in der vorliegenden Ausgabe auf S. 127–144. – Eine Manuskriptfassung von McCarthys deutschem Essay erhält Joachim Fest von Klaus Piper zusammen mit weiteren Materialien zur Vorbereitung seiner Gespräche mit Hannah Arendt zugesandt. Siehe Anm. 12 zum Brief Nr. 3 (Fest an Arendt, 28. August 1964), S. 181.

56 Für die Pressekonferenz hatte der Piper Verlag in Frankfurt am Main in die Villa Bonn der Gesellschaft für Handel und Industrie eingeladen. Sie fand am Donnerstag, den 17. September, statt. Berichte im *Münchner Merkur* vom 19. September 1964 und in *Die Zeit* vom 25. September 1964, S. 17f.

57 Das ZDF-Interview in der Reihe »Zur Person« wurde am Mittwoch, den 16. September, aufgezeichnet, erstmals am 28. Oktober 1964 gesendet und mit dem Adolf-Grimme-Preis 1964 ausgezeichnet. Im Druck erschien es zuerst unter dem Titel »Was bleibt? Es bleibt die Muttersprache« in der zweibändigen Ausgabe Günter Gaus, *Zur Person: Porträts in Frage und Antwort*, München: Feder, 1964, Bd. 1, S. 13–32. Die Druckfassung hat weitere Veröffentlichungen erfahren, die hier zitierte Ausgabe siehe im Literaturverzeichnis.

58 *Arendt-Jaspers-Briefwechsel*, S. 586.

59 Hannah Arendt an Joachim Fest, 13. August 1964, Brief 2 im vorliegenden Band.

60 Fest, *Das Gesicht des Dritten Reiches*, S. 12.

61 Joachim Fest an Hannah Arendt, 10. August 1964, Brief 1 im vorliegenden Band. – Beide Autoren sind erschüttert vom Versagen der »politischen Vernunft« und von der »Urteilsunwilligkeit« der deutschen Bevölkerung, beide heben dabei die flächendeckende »Selbstgleichschaltung« unter den Akademikern und Intellektuellen als besonders ernüchternde Tatsache hervor. – Vgl. Fest, *Das Gesicht des Dritten Reiches*, S. 11 und S. 343; Arendt äußert sich zu den genannten Aspekten in *Elemente und Ursprünge totaler Herrschaft* (u.a. im Kapitel »Das zeitweilige Bündnis zwischen Mob und Elite«),

ihrem Vortrag »Personal Responsibility Under Dictatorship« sowie im Interview mit Günter Gaus (siehe Literaturverzeichnis).

62 Fest, *Das Gesicht des Dritten Reiches*, S. 12.

63 Hannah Arendt an Joachim Fest, 13. August 1964 (Brief 2).

64 Vgl. für dieses sowie die voranstehenden Zitate Fests Briefe an Arendt vom 10. bzw. 28. August 1964 (Brief 1 bzw. Brief 3).

65 Vgl. für dieses sowie die folgenden Zitate Arendts Brief an Fest vom 6. September 1964 (Brief 4).

66 Vgl. Fests Brief an Arendt vom 10. September 1964 (Brief 5).

67 Vgl. Arendts Brief an Fest vom 6. September 1964 (Brief 4).

68 Fest, *Das Gesicht des Dritten Reiches*, S. 391.

69 Vgl. Joachim Fest, »Das Mädchen aus der Fremde«, S. 185. Der 17. September 1965 war der 90. Tag des Prozesses, siehe den Abschnitt »Die Männer mit dem schwachen Gewissen« in dem von Bernd Naumann herausgegebenen Band: *Auschwitz: Bericht über die Strafsache gegen Mulka und andere vor dem Schwurgericht Frankfurt*, Frankfurt am Main: Athenäum, 1965, S. 306 ff. Für die englische Ausgabe dieser Publikation (bei Praeger, 1966) wird Hannah Arendt ein Vorwort schreiben, das erst 1989 (in der Übersetzung von Eike Geisel) in deutscher Sprache erscheint. Ein Exemplar der deutschen Buchausgabe von 1965 befindet sich in der Hannah Arendt Collection des Bard College, es enthält Lesespuren von Hannah Arendts Hand.

70 Zu diesem und den folgenden Zitaten vgl. im vorliegenden Band S. 54; S. 60.

71 Fest, *Das Gesicht des Dritten Reiches*, S. 244.

72 Während der Siebzigerjahre trafen sie sich außerdem mehrfach, wie Fest in seinem Erinnerungsporträt »Das Mädchen aus der Fremde« berichtet.

73 Fest an Arendt, 7. September 1970 (Brief 9).

74 Arendt an Fest, 23. Dezember 1969 (Brief 8).

75 Arendt an Fest, 14. September 1970 (Brief 10).

76 Vgl. Joachim Fest, »Das Grauen und die Komik der Geschichte: Die Doppelwelt des Hugh R. Trevor-Roper«, in: Ders., *Begegnungen*, S. 313–346, S. 326 ff.

77 Das Exemplar ist in der Hannah Arendt Collection der Bard College Library (USA) aufbewahrt.

78 In *Begegnungen* erinnert sich Joachim Fest, seine amerikanischen Verleger William Jovanovich und Helen Wolff, von denen »der Anstoß« zu dem Buchprojekt »stammte«, hätten vorab Empfehlungen für einen möglichen Autor einer solchen Hitler-Biografie bei »fachlich bewanderten Kollegen« eingeholt, darunter auch bei Hannah Arendt. Vgl. Joachim Fest, »Das Grauen und die Komik der Geschichte: Die Doppelwelt des Hugh R. Trevor-Roper«, in: Ders., *Begegnungen*, S. 313–346, S. 326, S. 328.

79 Fest an Arendt, 7. September 1970 (Brief 9).

80 Fest, *Die unbeantwortbaren Fragen*, S. 21.

81 Vgl. für dies und die folgenden Zitate: Arendt an Fest, 14. September 1970 (Brief 10).

82 Fest, *Das Gesicht des Dritten Reiches*, S. 274.

83 Vgl. für dies und die folgenden Zitate: Fest an Arendt, 5. Januar 1971 (Brief 11).

84 Vgl. für dies und die folgenden Zitate: Arendt an Fest, 14. September 1970 (Brief 10).

85 Speer, *Erinnerungen*, S. 15.

86 Fest an Arendt, 5. Januar 1971 (Brief 11).

87 Dies erinnert an eine Szene, die sich ereignete, als im Herbst 1973 Joachim Fests Hitler-Biografie erschien und der Verleger Wolf Jobst Siedler einen Empfang zu Ehren des Autors gab. Auch Marcel Reich-Ranicki, soeben von Fest ins Feuilleton der *Frankfurter Allgemeinen Zeitung* geholt, war eingeladen. »Ich wußte nicht, daß an dem Empfang auch Albert Speer teilnehmen würde«, erinnert sich Reich-Ranicki: »Als ich reinkam und Speer sah, überlegte ich, ob ich mich zurückziehen sollte. Aber Siedler stand hinter mir und schubste mich in die Arme von Speer. Speer war mir gegenüber an diesem Abend überaus freundlich. Er hatte nicht das brutale Aussehen mancher Naziführer. Es war ein unvergeßliches Treffen für mich. Das war mir ja klar, daß Speer dazu beigetragen hatte, daß meine Eltern ermordet wurden, absolut klar.« – Marcel Reich-Ranicki im Interview mit Stefan Aust und Frank Schirrma-

cher: »Wie ein kleiner Setzer in Polen über Adolf Hitler triumphierte«, in: *Frankfurter Allgemeine Zeitung* vom 2. April 2005, S. 39. Für den Hinweis auf dieses Interview ist Esther Dischereit zu danken. Vgl. auch die Schilderung jenes Ereignisses in Reich-Ranickis Autobiografie *Mein Leben*, Stuttgart: Deutsche Verlags-Anstalt, 1999, S. 480 ff.

88 Fest an Arendt, 1. Oktober 1973 (Brief 16).

89 Genaue Angaben zu dem Brecht-Zitat in Anm. 85 zu Arendt an Fest, 18. Dezember 1973 (Brief 17), S. 194. Vgl. auch Arendts Interpretation dieses Zitats im Fernsehgespräch mit Roger Errera, das nur zwei Monate zuvor, im Oktober 1973, stattgefunden hatte, in: Arendt, *Ich will verstehen*, S. 166–133; dort resümiert sie (S. 132): »Wenn Sie unter diesen Gegebenheiten [auf die sich Brechts Zitat bezieht, Hg.] Ihre Integrität behalten wollen, dann können Sie das nur, wenn Sie sich an die altgewohnte Weise, solche Dinge zu betrachten, erinnern und sagen: Was er tut oder auch nicht tut, und wenn er zehn Millionen Menschen tötete, er ist und bleibt ein Clown.«

90 Vgl. hierzu auch den Essay von Reinhard Baumgart, »Mit Mördern leben? Ein Nachwort zu Hannah Arendts Buch«, als Dokument in diesem Band, S. 146–154.

91 Immanuel Kant, *Kritik der reinen Vernunft*, B 172 Anm.: »Der Mangel an Urteilskraft ist eigentlich das, was man Dummheit nennt, und einem solchen Gebrechen ist gar nicht abzuhelfen.«

92 Siehe für beide voranstehenden Zitate die Rundfunksendung im vorliegenden Band, S. 44 f.

Zur Rundfunksendung

1 Zum Zeitpunkt des Interviews fanden in Frankfurt am Main öffentliche Verhandlungen des ersten Frankfurter Auschwitz-Prozesses statt: das Verfahren 4 Ks 2/63, Strafsache gegen Mulka und andere. Der vom damaligen hessischen Generalstaatsanwalt Fritz Bauer eingeleitete Prozess ist der umfangreichste in der deutschen Justizgeschichte. Er dauerte zwanzig Monate (vom 20. Dezember 1963 bis 20. August 1965), insgesamt 22 NS-Verbrecher wurden angeklagt, das Urteil erging

gegen 20 Angeklagte. Vgl. die von Irmtrud Wojak herausgegebene Dokumentation des Prozesses anlässlich einer Ausstellung des Fritz-Bauer-Instituts: *Auschwitz-Prozeß. 4 Ks 2/63. Frankfurt am Main*, Köln: Snoeck, 2004. – Eine Verhandlung im Frankfurter Haus Gallus hatten Arendt und Fest gemeinsam besucht, siehe dazu in der Einleitung der Herausgeber S. 28 und Anmerkung 69, S. 166.

2 Am 11. Mai 1960 war Eichmann vom israelischen Geheimdienst in San Fernando nahe Buenos Aires (Argentinien) festgenommen und neun Tage später nach Israel entführt worden.

3 Vgl. Hannah Arendt gleich zu Beginn ihres Buches *Eichmann in Jerusalem* (S. 82–87), wo sie feststellt: »Die Folgen des Eichmann-Prozesses [sind] nirgends so spürbar [geworden] wie in Deutschland.« Die Nachricht von Eichmanns Verhaftung habe die deutschen Behörden dazu veranlasst, gegen ein weit verbreitetes Widerstreben in der Bevölkerung nun wenigstens den Versuch zu unternehmen, die »Mörder unter uns« dingfest zu machen – mit überraschenden Ergebnissen: u. a. wurden etwa der Nachfolger des Auschwitz-Kommandanten Rudolf Höß sowie die meisten Mitglieder des sogenannten Eichmann-Kommandos verhaftet. Doch obwohl hier Massenmörder, die nach dem Krieg unbehelligt in Deutschland und Österreich weitergelebt hatten, vor Gericht standen, sei es zu »oft phantastisch milden Urteilen für die Angeklagten in der ersten Instanz« gekommen. Auch sei die Adenauer-Regierung durch den Eichmann-Prozess unter Druck geraten; mehr als 140 durch ihre Vergangenheit im Dritten Reich kompromittierte Richter, Staatsanwälte und hohe Polizeibeamte wurden entlassen. Allerdings sei dies angesichts der Tatsache, dass Anfang der 1960er-Jahre etwa die Hälfte der bundesrepublikanischen Richter auch unter dem Hitler-Regime tätig war, »wie ein Tropfen auf den heißen Stein«.

4 Der Nürnberger Prozess gegen die Hauptkriegsverbrecher fand vom 20. November 1945 bis 1. Oktober 1946 statt. Zwanzig führende Vertreter des Dritten Reiches aus Politik, Militär und Wirtschaft mussten sich im Nürnberger Justizpalast vor einem eigens eingerichteten Internationalen Militärgerichts-

hof strafrechtlich verantworten. Außer diesem Hauptverfahren gab es zwölf sogenannte Nachfolge-Prozesse vor einem amerikanischen Militärgerichtshof, in denen weitere 185 Personen zur Verantwortung gezogen wurden. Zu ihnen gehörten beispielweise der Ärzte-Prozess, der Flick-Prozess und der IG-Farben-Prozess. Der letzte Prozess (gegen das Oberkommando der Wehrmacht) endete am 14. April 1949. Siehe auch weiter unten S. 49 f. und Anmerkung 26.

5 Siehe das Kapitel »Der Verfolg des Glücks«, in: Hannah Arendt, *Über die Revolution*, München: Piper, 1963, S. 147 ff.; ferner Hannah Arendt, »Action and the Pursuit of Happiness«, in: Alois Dempf et. al. (Hg.), *Politische Ordnung und menschliche Existenz: Festgabe für Eric Voegelin zum 60. Geburtstag*, München: Beck, 1962, S. 1–16. Über die »Lust am Handeln« sowie die Tatsache, dass »das Handeln Spaß macht« äußert sich Arendt vor dem Hintergrund der internationalen Studentenrevolten um 1968 und des amerikanischen Civil Rights Movement im Interview mit Adelbert Reif, in: Dies., *Macht und Gewalt*, aus dem Englischen von Gisela Uellenberg, mit einem Interview von Adelbert Reif, München/Zürich: Piper, 8. Aufl. (Serie Piper 1), 1995, S. 107–133, 107–109.

6 Gegen die Tendenz der Dämonisierung argumentiert Joachim Fest auch in seinem *Gesicht des Dritten Reiches.* »Die Analyse von Elementen einer Psychologie totalitärer Herrschaftsformen ist zumindest im Falle der führenden nationalsozialistischen Akteure nicht, wie man oft gemeint hat, eine Aufgabe der Dämonologie«, so Fest im Schlusskapitel »Versuch einer Zusammenfassung«: »Eher ratlos sieht sich der Chronist jener Epoche dem Problem gegenüber, so viel Unvermögen, so viel Durchschnittsmaß und charakterliche Nichtigkeit mit den außerordentlichen Wirkungen, die davon ausgingen, in einen begreifbaren Zusammenhang zu bringen.« Fest, *Das Gesicht des Dritten Reiches*, S. 391.

7 Vgl. etwa Bertolt Brecht, *Der gute Mensch von Sezuan*, in: Ders., *Werke. Große Berliner und Frankfurter Ausgabe: Bd. 6 – Stücke 6*, hg. von Werner Hecht et al., Berlin/Frankfurt am Main: Aufbau und Suhrkamp, 1989, S. 175–281.

8 Hierzu beispielsweise Hannah Arendt in ihrer Vorlesung »Some Questions of Moral Philosophy« (1965), dt. *Über das Böse*, S. 54 ff.

9 Jüngers Tagebucheintragung mit der Ortsangabe »Kirchhorst« (das war sein damaliger Wohnort, bei Hannover gelegen), unter dem Datum »17. Mai 1942«, auf die Hannah Arendt Bezug nimmt, lautet: »Fahrt zum Friseur. Dort Unterhaltung über die russischen Gefangenen, die man aus den Lagern zur Arbeit schickt. ›Da sollen böse Brüder drunter sein. Die fressen den Hunden das Futter weg.‹ Wörtlich notiert. Oft hat man den Eindruck, dass der deutsche Bürger vom Teufel geritten wird.« Ernst Jünger, *Strahlungen*, Tübingen: Heliopolis, 1949, S. 117 (abweichend von Jüngers Ausgabe seiner *Werke* [*Tagebücher II*, S. 342], wo der letzte Satz fehlt). Arendt hatte bereits in ihrem 1950 in den USA veröffentlichten Bericht aus Deutschland über »The Aftermath of Nazi-Rule« (dt. von Eike Geisel, in: Arendt, *In der Gegenwart* [München/Zürich: Piper, 2000], S. 38–63) auf diese Geschichte Bezug genommen (dort S. 44). Vgl. dazu auch Barbara Hahn, »Lesen: Ernst Jünger«, in: Barbara Hahn und Marie Luise Knott, *Hannah Arendt – Von den Dichtern erwarten wir Wahrheit*, Ausstellung Literaturhaus Berlin, Berlin: Matthes & Seitz, Berlin, o. J. [2006], S. 54 f.

10 Rudolf Höß (1900–1947), SS-Obersturmbannführer, war von Mai 1940 bis November 1943 Kommandant des Lagers Auschwitz. Unter seiner Leitung wurde das KZ zum Vernichtungslager ausgebaut, in dem etwa eine Million Menschen ermordet wurden. Höß wurde 1946 von einer britischen Einheit verhaftet, an Polen ausgeliefert, im April 1947 zum Tode verurteilt und vor seiner ehemaligen Villa in Auschwitz gehängt. – Vgl. auch Joachim Fest, »Rudolf Höß. *Der Mann aus der Menge*«, in: Ders., *Das Gesicht des Dritten Reiches,* S. 372–387.

11 Hannah Arendt berichtet vom Prozess, Eichmann habe beteuert, »sein Leben lang den Moralvorschriften Kants gefolgt zu sein, und vor allem im Sinne des kantischen Pflichtbegriffs gehandelt zu haben. Das klang zunächst empörend und obendrein unverständlich, da Kants Morallehre so eng mit der

menschlichen Fähigkeit zu urteilen, also dem Gegenteil von blindem Gehorsam verbunden ist. [...] In Kants Philosophie war diese Quelle [des gesetzgebenden Urteilens; Hg.] die praktische Vernunft; im Hausgebrauch, den Eichmann von ihr machte, war diese Quelle identisch geworden mit dem Willen des Führers.« *Eichmann in Jerusalem*, S. 232 f.

12 Wilhelm Boger (1906–1977), SS-Oberscharführer, wurde 1965 im Auschwitz-Prozess in Frankfurt am Main zu lebenslanger Haft verurteilt. Er war »der schlimmste« unter den Angeklagten – »der Lagerexperte für ›verschärfte Verhöre‹ mit Hilfe der ›Boger-Schaukel‹«, so Hannah Arendt in ihrer »Introduction« zu Bernd Naumann, *Auschwitz: A Report on the Proceedings* [...] (New York: Praeger, 1966), dt. von Eike Geisel, in: Bernd Naumann, *Auschwitz: Bericht über die Strafsache Mulka u. a. vor dem Schwurgericht Frankfurt*, Berlin/Wien: Philo, 2004 [nur diese deutsche Ausgabe von Naumanns Dokumentation enthält Arendts Einleitung], S. 309–331, S. 310.

13 Kant, *Kritik der Urteilskraft* § 40; zu Kants Maxime der »erweiterten Denkungsart« siehe Hannah Arendt zum Beispiel in ihrer Vorlesung über Kants politische Philosophie (1970), *Das Urteilen: Texte zu Kants politischer Philosophie*, hg. und mit einem Essay von Ronald Beiner, München/Zürich: Piper, 1985, S. 95. Vgl. auch Brief Nr. 12, Anmerkung 76 in diesem Buch.

14 Vgl. Arendt, *Eichmann in Jerusalem*, S. 101: »Als er [Eichmann] in einem amerikanischen Gefangenenlager schließlich ›den Sinn des Lebens‹ erkannte, da schrieb er, wie [Harry] Mulisch berichtet: ›Nun war ja wieder alles in Ordnung, mein Wesen konnte sich wieder beruhigen, denn ich war ja nicht bar jeglicher Führung, sondern ich wurde ja wie eh und je weitergeführt.‹« Zu Mulisch siehe Anmerkung 25.

15 In ihrem *Bericht von der Banalität des Bösen* notiert Arendt über Eichmann hierzu: »Da er ja nicht nur das, was er für die Pflichten eines gesetzestreuen Bürgers hielt, erfüllt hatte, sondern vor allem, jederzeit auf genügend ›Deckung‹ bedacht, auf Befehl gehandelt hatte, geriet er ganz aus dem Konzept, bis er schließlich abwechselnd die Tugenden und die Untugenden

des blinden Gehorsams betonte, des ›Kadavergehorsams‹, wie er selbst sagte.« *Eichmann in Jerusalem*, S. 231.

16 Vgl. Arendt, *Eichmann in Jerusalem*, S. 365.

17 Hans Frank (1900–1946), seit 1923 Mitglied der NSDAP und der SA, war nach 1933 als Präsident der »Akademie für Deutsches Recht« für die Gleichschaltung der Justiz verantwortlich und trat 1934 als Reichsminister ohne Geschäftsbereich in die Regierung Hitler ein. Nach seiner Ernennung zum Generalgouverneur des besetzten Polen im November 1939 war Frank mitverantwortlich für den Mord an polnischen Politikern und Intellektuellen, die Gettoisierung und Ermordung der jüdischen Bevölkerung im Generalgouvernement sowie die Verschleppung von etwa einer Million polnischer Zwangsarbeiter zum Arbeitseinsatz in der deutschen Rüstungsindustrie. Frank wurde vom Internationalen Militärgerichtshof in Nürnberg wegen Kriegsverbrechen und Verbrechen gegen die Menschlichkeit zum Tode verurteilt und im Oktober 1946 durch den Strang hingerichtet. – Vgl. auch Joachim Fest, »Hans Frank. *Kopie eines Gewaltmenschen*«, in: Ders., *Das Gesicht des Dritten Reiches*, S. 286–299.

18 Reinhard Heydrich (1904–1942), SS-Gruppenführer, seit 1939 Leiter des Reichssicherheitshauptamtes und als solcher Organisator des planmäßigen Massenmordes an den europäischen Juden; Heydrich war Eichmanns direkter Vorgesetzter. Er starb, nachdem in Prag ein Attentat auf ihn verübt worden war. – Vgl. auch Joachim Fest »Reinhard Heydrich. *Der Nachfolger*«, in: Ders., *Das Gesicht des Dritten Reiches*, S. 139–155.

19 Robert Ley (1890–1945), nach Zerschlagung der freien Gewerkschaften Leiter der »Deutschen Arbeitsfront«, der mit etwa 25 Millionen Mitgliedern (1942) größten Massenorganisation des Dritten Reiches. Ley gründete die massenwirksame Freizeit- und Touristikorganisation »Kraft durch Freude«, konzipierte Parteischulen und sogenannte Ordensburgen. In Nürnberg als einer der Hauptkriegsverbrecher angeklagt, erhängte sich Ley im Gefängnis, bevor ihm vor dem Internationalen Militärgerichtshof der Prozess gemacht werden konnte.

20 »Die Wahrheit seines Lebens ist es wohl«, schreibt Fest in *Das*

Gesicht des Dritten Reiches über Hans Frank, »daß er [...] ›Gerechtigkeit gewährleisten wollte, ohne die Interessen der Gewalt zu verletzen‹, daß er Recht, Moral und Wahrheit mit der gleichen enthusiastischen Unverbindlichkeit bewunderte wie die Gewalt und den ideologisch verbrämten Schrecken ›historischer Größe‹. [...] Das Gefühl der Reue, das er [vor dem Kriegsverbrecher-Tribunal in Nürnberg] bekundete, die sichtbaren Zeichen innerer Umkehr verdienen gewiß Beachtung, aber vieles spricht doch dafür, daß auch das Bekenntnis der Schuld von Stimmungen getragen war; in einem Charakter wie diesem ist für Wahrheit im Grunde kein Raum. ›Tausend Jahre vergehen‹, so äußerte er, spontan überwältigt, im Verhör durch seinen Rechtsanwalt vor Gericht, ›und diese Schuld von Deutschland nicht wegnehmen.‹ In seinem Schlußwort dagegen zog er diese Äußerung wieder zurück. So war das Letzte, was man von ihm vernahm, ein Widerspruch. Es war ein bezeichnendes Ende.« Fest, *Das Gesicht des Dritten Reiches*, S. 298 f.

21 »Was er getan habe, habe er getan, er wolle nichts abstreiten«, referiert Arendt Eichmanns Aussage vor dem Gericht in Jerusalem, »vielmehr sei er bereit, ›als abschreckendes Beispiel für alle Antisemiten der Länder dieser Erde‹ sich selbst öffentlich zu erhängen. Dies aber hieße nicht, daß er etwas bereue: ›Reue ist etwas für kleine Kinder.‹ (Sic!)«. *Eichmann in Jerusalem*, S. 97.

22 Mit »Vor-Verhör« sind die Verhöre gemeint, die der 1905 in Berlin geborene israelische Hauptmann Avner Werner Less in Jerusalem führte. Less befragte Eichmann insgesamt 275 Stunden und erstellte ein Protokoll von 3564 Seiten, siehe Jochen von Lang, »Nachwort für einen Freund«, in: *Schuldig: Das Urteil gegen Adolf Eichmann*, hg. von Avner W. Less [...], Frankfurt am Main: Athenäum, 1987, S. 331–335, S. 332. Hannah Arendt hatte dieses Protokoll bei der Vorbereitung zu ihrem Buch *Eichmann in Jerusalem* gelesen.

23 Moshe Landau war der Vorsitzende Richter im Jerusalemer Prozess gegen Adolf Eichmann. Hannah Arendt traf mit ihm in Jerusalem, vermittelt durch Kurt Blumenfeld, zu einem Gespräch zusammen; siehe Arendts Brief an Karl Jaspers vom

25. April 1961, *Arendt-Jaspers-Briefwechsel*, S. 474. – Landau, 1912 in Danzig geboren, studierte an der London University. Als Hitler an die Macht kam, kehrte er nicht nach Deutschland zurück, sondern wanderte nach Palästina aus. Er war seit 1953 Mitglied des Obersten Gerichtshofs in Israel; von 1976 bis 1980 amtierte er als dessen stellvertretender Vorsitzender, von 1980 bis 1982 als dessen Präsident.

24 Siehe Anmerkung 22.

25 Der niederländische Schriftsteller Harry Mulisch (1927–2010) wohnte wie Hannah Arendt dem Eichmann-Verfahren als Berichterstatter bei. Seine Beobachtungen veröffentlichte er 1963 in dem Buch *Strafsache 40/61. Eine Reportage.* Arendt und Mulisch hatten sich am Rande des Gerichtsverfahrens kennengelernt. Ein Exemplar der deutschen Buchfassung schickte Mulisch an Arendt nach New York, die es in ihrer Arbeitsbibliothek aufbewahrte. Mulischs »Beichtvater«-Zitat ist auch in Arendts Buch über den Eichmann-Prozess aufgenommen (*Eichmann in Jerusalem*, S. 102).

26 In seiner dritten Anklagerede am 26. Juli 1946 sagte Justice Robert H. Jackson über Hjalmar Schacht: »Wenn wir ihn fragen, warum er der verbrecherischen Entwicklung des Regimes, in dem er Minister war, nicht Einhalt gebot, sagt er, er hätte nicht den geringsten Einfluss gehabt. Wenn wir fragen, warum er dann Mitglied dieses Regimes blieb, sagt er, dass er durch sein Bleiben hoffte, einen mäßigenden Einfluss auf dessen Programm ausüben zu können.« Siehe *Der Nürnberger Prozess: Die Anklagereden des Hauptanklagevertreters der Vereinigten Staaten von Amerika, Robert H. Jackson*, hg. [...] von Ingo Müller, Weinheim: Beltz Athenäum, 1995, S. 137. – Schacht (1877–1970) war 1939 von Hitler als Reichsbankpräsident entlassen worden, blieb aber bis 1943 Minister ohne Geschäftsbereich. Er wurde im Nürnberger Prozess freigesprochen, wie auch Franz von Papen (1879–1969; Reichskanzler von Juni bis November 1932, nach der nationalsozialistischen Machtübernahme Vizekanzler bis Juli 1934, seit 1936 Botschafter des NS-Staates).

27 Arendt bezieht sich mit dieser Bemerkung auf Jaspers' Schrift *Die Schuldfrage*, die als eine der ersten Veröffentlichungen

zum Thema 1946 erschien und bis heute maßgeblich ist. Jaspers unterscheidet hier die »politische Schuld« von der »moralischen« und »metaphysischen«. Zur »metaphysischen Schuld« schreibt er, bemerkenswerterweise in der Ich-Form: »Metaphysische Schuld ist der Mangel an der absoluten Solidarität mit dem Menschen als Menschen. Sie bleibt noch ein unauslöschlicher Anspruch, wo die moralisch sinnvolle Forderung schon aufgehört hat. Diese Solidarität ist verletzt, wenn ich dabei bin, wo Unrecht und Verbrechen geschehen. Es genügt nicht, dass ich mein Leben mit Vorsicht wage, um es zu verhindern. Wenn es geschieht und wenn ich dabei war und wenn ich überlebe, wo der andere getötet wird, so ist in mir eine Stimme, durch die ich weiß: daß ich noch lebe, ist meine Schuld.« Karl Jaspers, *Die Schuldfrage. Zur politischen Haftung Deutschlands*, München/Zürich: Piper, 1965; Neuausgabe (Serie Piper, 698), 1987, S. 48.

28 Arendt diskutiert – entlang dieses und des im folgenden erwähnten sokratischen Grundsatzes (*Gorgias*, 474b und 482c-d) – die ethische Beziehung von Denken und Lebendigkeit ausführlich in zwei Kapiteln ihres Buches *Vom Leben des Geistes*, Bd. I *(Das Denken)*, S. 166–192, vor allem S. 180 ff.; siehe auch Arendt, *Über das Böse*, S. 59–64, 69–74.

29 Vgl. hierzu Hannah Arendt in ihrem *Denktagebuch* im Juli 1968 (Heft XXV,73, S. 688): »Der schweigende Dialog [das Denken] indiziert Pluralität, aber Vorbild [ist] der Dialog mit Anderen. Nur weil ich mit Anderen sprechen kann, kann ich auch mit mir sprechen, d. h. denken. Ergo: Aristoteles hat unrecht: Der Freund ist nicht ein ›anderes Selbst‹ [autos allos], sondern das Selbst ist ein anderer Freund.«

30 Fest bezieht sich auf folgende Stelle aus Arendts *Eichmann in Jerusalem* (S. 221 f.): »Des gleichen Arguments [›innerlich‹ opponiert zu haben] hatte sich, allerdings mit weniger Erfolg, der ehemalige Gauleiter des Warthegaus, Arthur Greiser, vor einem polnischen Gericht bedient: einzig seine ›offizielle Seele‹ habe die Verbrechen ausgeführt, für die er schließlich 1946 gehängt wurde, seine ›private Seele‹ sei stets dagegen gewesen.« Vgl. auch Anmerkung 31.

31 In *Eichmann in Jerusalem* (S. 220 f.) schreibt Arendt: »Daß von außen keine Stimme zu ihm gedrungen sei, um sein Gewissen aufzurütteln, war eine von Eichmanns Rechtfertigungen, und der Anklage oblag der Nachweis, daß dem nicht so war, daß es jedenfalls sehr wohl Stimmen gab, auf die er hätte hören können [...]. Dabei darf hier die sogenannte ›innere Emigration‹ in Deutschland außer Betracht bleiben – alle jene, die im Dritten Reich Stellungen, und oft genug hohe Stellungen, innehatten und dann nach dem Kriege sich selbst und der Welt erklärten, sie seien jederzeit ›*innerlich* Gegner des Regimes‹ gewesen. [...] In Wahrheit gab es nur einen Weg, im Dritten Reich zu leben, ohne sich als Nazi zu betätigen, nämlich, überhaupt nicht in Erscheinung zu treten: sich aus dem öffentlichen Leben nach Möglichkeit ganz und gar fernzuhalten war die einzige Möglichkeit, in die Verbrechen nicht verstrickt zu werden, und dies *Nichtteilnehmen* war das einzige Kriterium, an dem wir heute die Schuld und Schuldlosigkeit des einzelnen messen können.« – Unter den Kritikern von Arendts Buch hat sich vor allem Hans Egon Holthusen mit dem Thema »innere Emigration« befasst, siehe seinen Beitrag »Hannah Arendt, Eichmann und die Kritiker«, in: *Vierteljahrshefte für Zeitgeschichte*, Heft 2/1965, S. 178–190, besonders S. 186 f.

32 Zitiert nach Arendt, *Eichmann in Jerusalem*, S. 364.

33 Vgl. Arendt, *Eichmann in Jerusalem*, S. 56. Im Urteil, Pkt. 14, verweist der Gerichtshof auf das Werk *De jure belli et pacis* (1625) von Hugo Grotius und gibt den 20. Absatz im 2. Buch wörtlich wieder: »Damit der Strafende rechtmässig strafe, bedarf er des Bestrafungsrechts, eines Rechts, das aus dem Verbrechen des Missetäters selbst hervorgeht.« Hier zitiert nach: *Schuldig – Das Urteil gegen Adolf Eichmann* (siehe oben Anmerkung 22), S. 14.

34 Im Kapitel »Die Wannseekonferenz oder Pontius Pilatus«, in dem Arendt auf Eichmanns Verantwortung bei der Organisation der sogenannten »Endlösung« sowie – gestützt auf die Zeugenaussagen im Prozess und Untersuchungen des Historikers Raul Hilberg – auf die Rolle der Judenräte bei den Deportationen aus den Gettos eingeht, heißt es: »Mein Bericht

hat sich bei diesem Kapitel aufgehalten, das der Jerusalemer Prozess der Welt nicht in seinem wahren Ausmaß vor Augen führte, weil es den tiefsten Einblick in die *Totalität des moralischen Zusammenbruchs* gewährt, den die Nazis in allen, vor allem auch in den höheren Schichten der Gesellschaft ganz Europas verursacht haben – nicht allein in Deutschland, sondern in fast allen Ländern, nicht allein unter den Verfolgern, sondern auch unter den Verfolgten.« *Eichmann in Jerusalem*, S. 219.

35 Wer – neben den Juristen, die Arendts Prozessbericht im Auftrag der amerikanischen und deutschen Verleger vorab prüften – zu diesen Lesern zählte, ließ sich nicht ermitteln. Ähnlich wie in der Rundfunksendung formuliert Arendt in einem Brief an Robert Weltsch (29. August 1963), ebenfalls ohne Namen zu nennen: »Dies Buch ist ja von sehr vielen anderen Menschen auch gelesen worden; vor allem auch vor seiner Publikation im New Yorker: Glauben Sie nicht, dass es merkwürdig ist, dass dies [der ›herzlose‹, ›taktlose Ton‹ des Buches] niemandem aufgefallen ist? Das sind alles Leute, deren literarisches Fingerspitzengefühl hierzulande berühmt ist.« Zitiert nach einer Kopie des Briefes im Nachlass von Karl Jaspers, DLA, Signatur A : Jaspers, Kasten 46 (=15).

36 Hannah Arendt hatte 1964 in der *New York Review of Books* Sarrautes Roman *Les Fruits d'or* besprochen. Ihre Rezension erschien im selben Jahr in der Zeitschrift *Merkur* (übersetzt von Wolfgang von Einsiedel), wiederabgedruckt in: Arendt, *Menschen in finsteren Zeiten*, München/Zürich: Piper, 2012, S. 320–333.

37 Siehe hierzu in der Einleitung der Herausgeber S. 15 ff.

Zu den Briefen

Brief Nr. 1
J. F. an H. A. (10. August 1964)
1 Blatt maschinenschriftlich, Original mit handschriftlicher Unterschrift »Ihr Joachim C. Fest«; Absenderanschrift (maschinenschriftlich): Joachim C. Fest, Hamburg-Kleinflottbek, Holztwiete 6a; keine Empfängeranschrift; Quelle: Hannah Arendt Papers (General Correspondence, Fest, Joachim, 1964–74) LOC-006071, digitalisiert als »image 1«, online abrufbar; als Kopie auch im DLA, Signatur A : Piper

1 Mit »mein Buch« ist gemeint *Das Gesicht des Dritten Reiches.* Hier (S. 410) zitiert Fest im Schlusskapitel prominent aus Arendts *Elemente und Ursprünge totaler Herrschaft* hinsichtlich der »Bestandslosigkeit« totaler Herrschaft und zu dem »Irrtum, zu meinen, daß Unbeständigkeit und Vergeßlichkeit ein Merkmal dafür seien, daß die Massen von dem totalitären Wahn [...] geheilt seien; das Umgekehrte könnte der Fall sein«. Vgl. auch Anmerkung 16 zu Brief Nr. 3. – Arendt verweist auf Fests Buch ihrerseits an zahlreichen Stellen von *Eichmann in Jerusalem*; siehe hierzu auch die Einleitung der Herausgeber in diesem Band.

2 »Ihr jüngstes Buch« ist Arendts *Eichmann in Jerusalem.*

3 Zu Golo Manns Stellungnahme siehe in der Einleitung der Herausgeber, S. 20; in der hier vorliegenden Ausgabe (S. 113–126) ist die dritte Fassung dieser Stellungnahme als Dokument abgedruckt.

4 H. A. und J. F. hatten sich anlässlich der Buchmesse am Donnerstag, den 17. September, in Frankfurt am Main kennengelernt, siehe in der Einleitung der Herausgeber, S. 24, S. 28.

5 Horst Krüger, der für die Sendung verantwortliche Redakteur beim Südwestfunk, später bekannt geworden als Verfasser des autobiografischen Romans *Das zerbrochene Haus* (1966), hatte seinerseits ein starkes Interesse an der Eichmann-Problematik, siehe seinen Artikel »Im Labyrinth der Schuld: Ein Tag im Frankfurter Auschwitz-Prozeß«, in: *Der Monat* 16 (1964) 188, S. 19–29.

Brief Nr. 2
H. A. an J. F. (13. August 1964)
1 Blatt maschinenschriftlich, Kopie ohne Unterschrift und ohne Absender- und Empfängeranschrift; Quelle: Hannah Arendt Papers (General Correspondence, Fest, Joachim, 1964–74) LOC-006072, digitalisiert als »image 2«, online abrufbar

6 Hannah Arendt war am 3. oder 4. September in Basel eingetroffen und blieb dort bis zum 14., siehe ihren Brief an Karl Jaspers, 12. August 1964, *Arendt-Jaspers-Briefwechsel*, S. 597, sowie unten Brief Nr. 4.

7 Gemeint ist eine von Klaus Piper anlässlich der Buchmesse organisierte Pressekonferenz in den Räumen der Gesellschaft für Handel und Industrie (Villa Bonn) in Frankfurt am Main, die am 17. September stattfand, siehe die Berichte im *Münchner Merkur* und in *Die Zeit* vom 19. bzw. 25. September 1964, ferner in der Einleitung der Herausgeber S. 24.

8 Im Interview mit Günter Gaus im Bayerischen Fernsehen am 16. September. Das Interview wurde erstmals am 28. Oktober 1964 ausgestrahlt. Dazu in der Einleitung der Herausgeber S. 24 und unten Anmerkung 62, Brief Nr. 9.

9 Fest, *Das Gesicht des Dritten Reiches*; siehe auch Anmerkung 1 zu Brief Nr. 1.

10 Auf Golo Manns Kritik war Arendt erstmals in einem Brief von Karl Jaspers aufmerksam gemacht worden. Karl Jaspers an Hannah Arendt am 13. Dezember 1963, *Arendt-Jaspers-Briefwechsel*, S. 577. – Jaspers brach die Beziehung zu Golo Mann aufgrund jener Besprechung von Arendts Buch ab.

11 Wystan Hugh Auden hatte 1935 Erika Mann geheiratet. Er verhalf ihr damit zu einem britischen Pass, mit dem sie der von den deutschen Behörden beschlossenen Ausbürgerung und damit verbundenen Staatenlosigkeit entgehen konnte. Siehe Irmela von der Lühe, *Erika Mann: Eine Lebensgeschichte*, Reinbek bei Hamburg: Rowohlt, 2009, S. 142. Der englische Dichter W. H. Auden lebte seit 1939 in New York und gehörte zum weiteren Freundeskreis von Hannah Arendt. Vgl. Hannah Arendt, *Ich erinnere an Wystan H. Auden*, in: Dies., *Menschen in finsteren Zeiten*, S. 324–334.

Brief Nr. 3 (mit Anlage)
J. F. an H. A. (28. August 1964)
1 Blatt maschinenschriftlich, Original mit handschriftlicher Unterschrift »Ihr Joachim Fest«; Absenderanschrift (maschinenschriftlich): Joachim C. Fest, z.Zt. Kampen / Sylt, c/o M. von Drathen; keine Empfängeranschrift; mit Anlage (4 Blatt maschinenschriftlich) mit (großenteils durchgestrichenen) handschriftlichen Bemerkungen von H. A.; Quelle; Hannah Arendt Papers (General Correspondence, Fest, Joachim, 1964–74) LOC-006067, 006061-006063, letztes Blatt ohne Nr.; digitalisiert als »images 3–7«, nur das Anschreiben (als image 7) online abrufbar

12 Folgende Kritiken hatte der Piper Verlag Fest übersandt: *Die Zeit*, 24.1.1963 (Golo Mann); *FAZ*, 16.11.1963 (Bericht aus New York von Sabina Lietzmann); *Die Welt*, 30.11.1963 (mit Beiträgen von B. Nellessen, G. Scholem, H. Arendt und M. Buber); *Merkur*, Juni 1964 (Rolf Schroers), ferner ein Manuskript für eine zweiteilige Rundfunksendung, das die Übersetzerin von *Eichmann in Jerusalem*, Brigitte Granzow, für den WDR zusammenstellt hatte, sowie die Manuskriptfassung von Mary McCarthys Stellungnahme in *Die Welt*, als Dokument in diesem Buch, S. 127-144.

13 Die Karte ist nicht erhalten.

14 Zu Horst Krüger siehe Brief Nr. 1, Anmerkung 5.

15 Von Jaspers' positiven Äußerungen zu *Das Gesicht des Dritten Reiches* wusste Fest durch Piper, siehe Klaus Piper an Joachim C. Fest am 27. Juli 1964, DLA, Signatur: A : Piper.

16 Fest könnte sich hier auf Hannah Arendts Werk *Elemente und Ursprünge totaler Herrschaft* (1955) beziehen, das er in seinem Buch *Das Gesicht des Dritten Reiches* an verschiedenen Stellen zitiert (siehe Anmerkung 1 zu Brief Nr. 1). Als »von Dritten vorgetragen« wären unter den seinerzeit aktuellen Veröffentlichungen insbesondere zu nennen: Bruno Bettelheim, *The Informed Heart* (1960) und Raul Hilberg, *The Destruction of the European Jews* (1961). Vgl. hierzu auch Paul Arnsberg, »War Eichmann ein Dämon?«, in: *Aus Politik und Zeitgeschichte*, B 45/64, 4. November 1964, S. 3–18, S. 6–8.

17 Zum Begriff »unbewältigte Vergangenheit«, der sowohl von

Arendt wie von Fest kritisch gesehen wird, siehe in der Einleitung der Herausgeber S. 26. Hinsichtlich seiner Verwendung und Bedeutung im innerjüdischen Bereich siehe die entsprechende Passage in der Rundfunksendung S. 36f. Vgl. auch *Arendt-Jaspers-Briefwechsel.* S. 546.

18 Zu den Stimmen, die sich gegen eine Veröffentlichung aussprachen, und ihren Argumenten siehe in der Einleitung der Herausgeber S. 20; ferner in der Rundfunksendung S. 58 ff.

19 *Eichmann in Jerusalem*, S. 45 f. – Haman (Fest schreibt irrtümlicherweise Hamann, was die Herausgeber verbessert haben) ist eine der zentralen Figuren der biblischen Erzählung im Buch Esther des Alten Testaments. Als Günstling am Hofe erlangt Haman von König Xerxes den Erlass zu einem Judenpogrom in ganz Persien, wird aber selbst getötet, und der Erlass wird aufgehoben.

20 *Eichmann in Jerusalem*, S. 53.

21 *Eichmann in Jerusalem*, im Wesentlichen S. 206–219. Mary McCarthy hat genau nachgezählt (siehe in diesem Band S. 130): »In einem Buch von zweihundertundsechzig Seiten sind acht Seiten der Zusammenarbeit der jüdischen Führer mit Eichmanns Dienststelle, und zweieinviertel Seiten der Darstellung bevorzugter Kategorien von Juden (Kriegsveteranen, berühmten Persönlichkeiten und so weiter) gewidmet.« Die Angaben beziehen sich auf die erste englische Ausgabe.

22 *Eichmann in Jerusalem*, S. 209.

23 *Eichmann in Jerusalem*, S. 219.

24 Hannah Arendt in ihrer »Vorrede« zu *Eichmann in Jerusalem*, S. 54 f.

25 Zu Höß siehe Anmerkung 10 zur Rundfunksendung.

26 Zum Auschwitz-Prozess siehe Anmerkung 1 zur Rundfunksendung.

27 Cesare Borgia, ein italienischer Herrscher aus dem Geschlecht der Borgia (1475–1507), gilt in der politischen Theorie als historische Gestalt für den Typus des Tyrannen oder Gewaltherrschers. Er war Vorbild für den Fürsten in Niccolò Machiavellis *Il principe*.

28 Zu Wilhelm Boger siehe Anmerkung 12 zur Rundfunksendung.

29 Auf den Vorwurf, sie habe Eichmann »entlastet«, bei dem sich ihre Kritiker meist der These von der »Banalität des Bösen« bedienen und/oder das Schlagwort vom »banalen Eichmann« aufnehmen, gibt Hannah Arendt in der Rundfunksendung eine eindeutige Antwort, siehe in dieser Ausgabe S. 42 f.

30 *Eichmann in Jerusalem*, S. 208.

31 *Eichmann in Jerusalem*, S. 205. Siehe auch in der Einleitung der Herausgeber sowie in der Rundfunksendung S. 12 bzw. 44 ff.

32 *Eichmann in Jerusalem*, S. 219, das wörtliche Zitat oben in Anmerkung 34 zur Rundfunksendung. Vgl. auch Fest, »Das Mädchen aus der Fremde«, S. 184.

33 George Lichtheim in seiner Besprechung des Buches *The Capture and Trial of Adolf Eichmann* von Moishe Pearlman unter dem Titel »The Eichmann Trial«, in: *The New York Review of Books*, 26. September 1963, S. 6–8, S. 7.

34 Vgl. A. Alvarez, »Es geschah nichts überall«, in: *Die Kontroverse*, S. 176–181, S. 179: Hannah Arendts Buch »ist eine Abhandlung über individuelle Verantwortung. Wie bewältigen Juden, die nie in den Vernichtungslagern waren, die Gaskammern moralisch? Wie werden sie mir ihrer Schuld und ihrer geheimen Verantwortung gegenüber den Opfern fertig?« Vgl. auch Mary McCarthy, »Ein Dokument ethischer Verantwortung«, S. 140.

35 *Eichmann in Jerusalem*, S. 274–279.

36 Von dem Feldwebel Anton Schmid berichtet der Zeuge Abba Kovner im Jerusalemer Prozess, siehe *Eichmann in Jerusalem*, S. 343–345. Zu weiteren Einzelheiten der Geschichte von Feldwebel Schmid siehe Ursula Ludz, »›Ich konnte nicht denken und half‹: Anton Schmid, einer der ›Gerechten unter den Völkern‹, wurde geehrt«, in: *Hannah Arendt Newsletter*, Nr. 4, April 2001, S. 54 f.

37 Vgl. Anmerkung 1 zu Brief 1.

38 »Notes and Comments« unter »The Talk of the Town«, in: *The New Yorker* vom 20. Juli 1963, S. 17. Es handelt sich hierbei nicht um »einleitende Bemerkungen«, wie Fest schreibt, sondern um eine Art nachgeliefertes Editorial, in dem sich die Redaktion des *New Yorker* zu den Auffassungen von Michael

A. Musmanno äußert, ihm bescheinigt, er habe Arendt absichtlich missverstanden, und Arendts Vorwurf an die *New York Times Book Review* wegen der Wahl dieses Rezensenten wiederholt. Siehe dazu auch in der Einleitung der Herausgeber S. 19 f. – Die von Fest zitierte Stelle lautet im Original: Arendt »recorded the behavior of individuals and of nations, and found within her story a moral for Germans, for citizens of other Western countries, and for Jews – in descending order of responsibility: It is evil to assent actively or passively to evil, as its instrument, as its observer, or as its victim.«

Brief Nr. 4
H. A. an J. F. (6. September 1964)
2 Blatt maschinenschriftlich, Kopie ohne Unterschrift; Absenderanschrift (maschinenschriftlich): Hannah Arendt bei Prof. Jaspers, Austrasse 126; keine Empfängeranschrift; Quelle: Hannah Arendt Papers (General Correspondence, Fest, Joachim, 1964–74) LOC-006069-70, digitalisiert als »images 9, 10«, online abrufbar

39 Siehe an erster Stelle das in Anmerkung 38 zu Brief Nr. 3 erwähnte Editorial des *New Yorker.* Explizit verteidigt bzw. freundlich besprochen haben H. A.s Buch außerdem: A. Alvarez (in: *Die Kontroverse*, S. 176–181), Daniel Bell (in: *Partisan Review*, Nr. 3/1963, S. 417–429), Bruno Bettelheim (in: *Die Kontroverse*, S. 91–113), Mary McCarthy (in dieser Ausgabe S. 127–144) und Joseph Maier (in: *Aufbau*, 20. Dezember 1963, S. 17; zu Maiers Beitrag siehe auch in der Einleitung der Herausgeber S. 17 f.).

40 Denver Lindley, The Viking Press.

41 William Shawn. Wie Lindley hat auch Shawn Hannah Arendt in der Kontroverse den Rücken gestärkt, siehe die oben in Anmerkung 38 zu Brief Nr. 3 zitierte, von ihm verfasste (oder verantwortete) editorische Notiz.

42 *Das Gesicht des Dritten Reiches,* siehe Anmerkung 1 zu Brief Nr. 1.

43 Zum Auschwitz-Prozess siehe Anmerkung 1 zur Rundfunksendung, S. 168 f.

44 Zu Heydrich siehe Anmerkung 18 zur Rundfunksendung.

45 Zum »Fall Dr. Hans Globke« äußert sich Arendt an verschiedenen Stellen ihres Buches (*Eichmann in Jerusalem*, insbesondere S. 90f. und 222ff.). Sie bezieht sich dabei auf die von Reinhard-M. Strecker herausgegebene Dokumentation: *Dr. Hans Globke: Aktenauszüge, Dokumente*, Hamburg: Rütten & Loening, o.J. (1961), die sie – wie das Exemplar aus ihrer Bibliothek in der Hannah Arendt Collection des Bard College erkennen lässt – intensiv durchgearbeitet hat. Der Jurist Globke (1898–1973) war Beamter zunächst im preußischen, dann im Innenministerium zur Zeit des Naziregimes und u.a. Verfasser eines Kommentars zu den Nürnberger Gesetzen von 1935. Bei den Nürnberger Prozessen trat er als Zeuge auf, wurde aber selbst nicht zur Verantwortung gezogen. Bundeskanzler Konrad Adenauer holte ihn ins Bundeskanzleramt, dessen einflussreicher Chef er in den Jahren 1953 bis 1963 gewesen ist.

46 Siehe hierzu die Rundfunksendung, S. 52f., und dort Anmerkung 28.

47 »Verwaltungsmassenmord«, oder auch »staatlich organisierter Verwaltungsmassenmord«, ist Arendts deutsche Übersetzung des aus der Geschichte des britischen Imperialismus stammenden Begriffs »administrative massacre«. Arendt wählt diesen Begriff und bevorzugt ihn gegenüber dem des »Völkermords«, um das Beispiellose der Art des Verbrechens, mit dem sich das Jerusalemer Gericht zu befassen hatte, erfassen zu können (*Eichmann in Jerusalem*, S. 57f.).

48 Tatsächlich ist Fest bei seinen im Antwortschreiben formulierten Problemkomplexen auf alle von Arendt genannten Themen eingegangen.

Brief Nr. 5 (mit Anlage)
H. A. an J. F. (10. September 1964)
1 Blatt maschinenschriftlich, Original mit handschriftlicher Unterschrift »Joachim Fest«; Absenderanschrift (maschinenschriftlich): Joachim Fest, Kampen / Sylt; keine Empfängeranschrift; mit Anlage (2 Blatt maschinenschriftlich); Quelle: Hannah Arendt Papers (General Correspondence, Fest, Joachim, 1964–74)

LOC-006066, digitalisiert als »image 11«, Anlage: LOC-006064-65, digitalisiert als »images 14, 15«, online abrufbar

49 Hierbei dürfte es sich um eine Anspielung auf das Buch *Die Kontroverse* handeln.

50 Die Polemik ist u. a. Gegenstand der Einleitung der Herausgeber.

51 Von einer Annotierung dieser Skizze für das Gespräch haben wir abgesehen und verweisen auf die Anmerkungen zu den Briefen 3 und 4.

Brief Nr. 6

J. F. an H. A. (8. Januar 1965)

1 Grußkarte Vorderseite handschriftlich, Innenseite mit reproduzierter Zeichnung; Unterschrift »Ihr Joachim Fest«; keine Absender- und Empfängerangaben; Quelle: Hannah Arendt Papers (General Correspondence, Fest, Joachim, 1964–74) LOC-006058-59, digitalisiert als »images 14, 15«, online abrufbar

52 Die deutsche Veröffentlichung von *Eichmann in Jerusalem* hatte zwar eine große Anzahl von Besprechungen erhalten, doch war deutlich eine Deeskalation zu erkennen, siehe z. B. Paul Arnsberg, »War Eichmann ein Dämon?«, in: *Aus Politik und Zeitgeschichte*, B 45/64, 4. November 1964, S. 3–18.

53 Umschrift des Schiller-Zitats aus *Wilhelm Tell*, der Starke sei am mächtigsten allein. Hannah Arendt hatte unter den Stichworten »Ohnmacht« und »Nichtteilnehmen« in *Eichmann in Jerusalem* (S. 221) etwas Ähnliches zum Ausdruck gebracht, auf das Fest möglicherweise anspielt: Ohnmächtig (aber moralisch stark) ist derjenige, der »fröstelnd und wie ausgestoßen aus dem eigenen Volke« (Otto Kirchheimer) während der Nazizeit gelebt hat.

Brief Nr. 7

J. F. an H. A. (2. Dezember 1969)

2 Blatt maschinenschriftlich, Original mit handschriftlicher Unterschrift »Ihr Joachim Fest«; Absenderanschrift: Joachim Fest auf Kopfbogen DER SPIEGEL; keine Empfängeranschrift; Quelle: Hannah Arendt Papers (General Correspondence, Fest,

Joachim, 1964–74) LOC-006055-56, digitalisiert als »images 16, 17«, online abrufbar

54 Fest schreibt auf einem Briefbogen von *Der Spiegel*. Als Arendt 1964 Fest kennenlernte, war er stellvertretender Hauptabteilungsleiter der Fernsehspiel-Abteilung und Leiter der Redaktion Zeitgeschichte beim NDR Hamburg.

55 In Helen Wolffs Verlag Pantheon Books (unter dem Dach von Harcourt Brace Jovanovich) wurde seinerzeit die englische Ausgabe von Fests Buch *Das Gesicht des Dritten Reiches* vorbereitet, es erschien 1970. Hannah Arendt war mit Helen Wolff (1906–1994) und ihrem 1963 verstorbenen Mann, dem Verleger Kurt Wolff, befreundet. So liegt Fests Annahme nahe, dass Wolff sie informiert habe. Siehe auch Brief Nr. 8.

56 Die Biografie über Hitler, die 1973 im Propyläen Verlag erschien.

57 1969 war das erste Jahr der Präsidentschaft von Richard Nixon. Amerika konnte zwar die Landung auf dem Mond feiern, doch im Lande selbst sorgten Vietnamkrieg, die Bürgerrechtsbewegung und Studentenrebellion für Aufruhr. Hannah Arendt schrieb zur selben Zeit ihren Essay »Reflections on Violence«, dessen deutsche Fassung 1970 unter dem Titel *Macht und Gewalt* erschien.

Brief Nr. 8

H. A. an J. F. (23. Dezember 1969)

1 Blatt maschinenschriftlich, Kopie ohne Unterschrift; Absenderanschrift: Hannah Arendt, 370 Riverside Drive, New York, N.Y. 10025; keine Empfängeranschrift; Quelle: Hannah Arendt Papers (General Correspondence, Fest, Joachim, 1964–74) LOC-006057, digitalisiert als »image 18«, online abrufbar

58 Gemeint ist *The Face of the Third Reich*, die englische Ausgabe von *Das Gesicht des Dritten Reiches*.

59 Albert Speer, *Erinnerungen*. Siehe auch Anmerkung 63 zu Brief Nr. 9 und Anmerkung 67 zu Brief Nr. 10.

60 Fest zitiert Speers Satz in *Das Gesicht des Dritten Reiches* (S. 278) folgendermaßen: »Wenn Hitler Freunde gehabt hätte, dann wäre ich sein Freund gewesen.«

61 Die »ganz andere Arbeit«, auf die Hannah Arendt hier anspielt, dürfte ihre Beschäftigung mit »philosophischen Fragen« gewesen sein, wie sie deutlicher im Brief an Fest vom 14. September 1970 schreibt (Brief Nr. 10, siehe dort Anmerkung 71). Ihre »Rückkehr« zur Philosophie erhält eine erste Gestalt in dem Vortrag »Thinking and Moral Considerations«, in dem sich das nicht vollendete Spätwerk *The Life of the Mind* (dt. *Vom Leben des Geistes*) ankündigt. Den Vortrag »Thinking and Moral Considerations« hielt Arendt erstmals im Februar 1970 am Colorado College (wo der befreundete John Glenn Gray Philosophie lehrte) und dann im Oktober an der New School for Social Research in New York; veröffentlicht ist er in *Social Research* 38, 1971, Nr. 3, S. 417–466.

Brief Nr. 9

J. F. an H. A. (7. September 1970)

2 Blatt maschinenschriftlich, Original mit handschriftlicher Unterschrift »Joachim Fest«; Absenderanschrift (Briefpapier-Vordruck): DER SPIEGEL, 2000 Hamburg 1. Postfach 110420; keine Empfängeranschrift; Quelle: Hannah Arendt Papers (Special Correspondence, Publishers, Der Spiegel, 1964–1970) LOC-031057, 031059, online nicht abrufbar

62 Günter Gaus (1929–2004) war seit 1969 Chefredakteur des *Spiegel*. Gaus hatte mit Arendt am 16. September 1964 – nur wenige Tage vor der Aufzeichnung ihrer Radiosendung mit Joachim Fest – ein Gespräch für seine ZDF-Sendereihe »Zur Person« geführt, das 1964 mit dem Adolf-Grimme-Preis ausgezeichnet wurde. Die Begegnung mit Arendt erinnert Gaus auch in seiner Autobiografie: »Die Achtundfünfzigjährige bezauberte uns [Günter Gaus und seine Ehefrau; Hg.] mit ihrer Freundlichkeit. Sie gewährte mir einen Vertrauensvorschuß. Sie schob ihre Bildung nicht wie eine respekterheischende Bugwelle vor sich her. Die hohe Ebene, auf der sie geistig existierte, war ihr erkennbar ein selbstverständlicher Lebensort.« (Günter Gaus, *Widersprüche: Erinnerungen eines linken Konservativen*, Berlin: Propyläen, 2004, S. 202.) Arendt wiederum schätzte Gaus' politischen Scharfsinn und

intellektuelle Unabhängigkeit, worin sie ein Aufbruchspotenzial für die junge Bundesrepublik sah. »Hochhuth, Gaus, Augstein, Graetz – es rührt sich doch etwas«, schreibt sie 1965 an Jaspers: »die Enkel sind besser als die Söhne.« (Hannah Arendt an Karl Jaspers, 6. Juli und 13. April 1965, in: *Arendt-Jaspers-Briefwechsel*, S. 641 und S. 629.)

63 Albert Speers *Erinnerungen* erschienen 1970 unter dem Titel *Inside the Third Reich: Memoirs*, übersetzt von Clara und Richard Winston, im New Yorker Verlag Macmillan.

Brief Nr. 10
H. A. an J. F. (14. September 1970)
2 Blatt maschinenschriftlich, Kopie ohne Unterschrift; ohne Absender- und Empfängeranschrift; Quelle: Hannah Arendt Papers (Special Correspondence, Publishers, Der Spiegel, 1964–1970) LOC-031060, 031058, online nicht abrufbar

64 Joachim Fests Studie *Das Gesicht des Dritten Reiches* erschien 1970 unter dem Titel *The Face of the Third Reich*, übersetzt von Michael Bullock, im Londoner Verlag Weidenfeld & Nicolson und bei Pantheon Books in New York.

65 Gemeint sind Albert Speers *Erinnerungen* bzw. *Memoirs*.

66 Arendts »Kenntnis« basiert auf ihren Studien der Protokolle der Nürnberger Prozesse. Zudem hatte sie im Herbstsemester 1968 an der Law School der University of Chicago zusammen mit Gerhard Casper ein »Seminar on the Nuremburg War Crime Trial« abgehalten.

67 Auf Betreiben von Wolf Jobst Siedler (geb. 1926), Leiter der Ullstein-Verlage, war Joachim Fest als »vernehmender Redakteur« dem aus der Spandauer Haft entlassenen Albert Speer beim Abfassen von dessen *Erinnerungen* »zur Hand« gegangen: »Die Zusammenarbeit begann Anfang 1967«, so Fest. Vgl. Joachim Fest, *Die unbeantwortbaren Fragen. Notizen über Gespräch mit Albert Speer zwischen Ende 1966 und 1981*, Reinbek bei Hamburg 2005, S. 7f. Im Nachwort seiner *Erinnerungen* schreibt Albert Speer: »Dank schulde ich meinen Gesprächspartnern zweier Jahre, Wolf Jobst Siedler, dem Leiter der Verlage Ullstein und Propyläen, sowie Joachim C.

Fest, Beiratsmitglied der gleichen Verlage. Ihren drängenden Fragen sind viele allgemeine Betrachtungen dieses Buches sowie die Auseinandersetzung mit den psychologischen und zeitgeschichtlichen Aspekten des Geschehens zu danken. Meine grundsätzliche Auffassung von Hitler, seinem System und von meiner eigenen Beteiligung, so wie ich sie vierzehn Jahre zuvor in der ersten Fassung meiner Erinnerungen niedergelegt hatte, wurde durch unsere Gespräche bestätigt und verstärkt.« Vgl. Speer, *Erinnerungen*, S. 527.

68 In seinem Buch *Das Gesicht des Dritten Reiches* betitelte Fest das Kapitel zu Hitlers Architekten und späterem Rüstungsminister »Albert Speer *und die technizistische Unmoral*«, S. 271–285.

69 Albert Speer hatte Anfang der 1950er-Jahre, während seiner Haftzeit in Berlin-Spandau, sogar begonnen, eine Biografie Adolf Hitlers zu verfassen. Vgl. Fest, *Speer*, S. 427.

70 Im TV-Gespräch mit Günter Gaus erläutert Arendt zur »freiwilligen Gleichschaltung«, besonders unter Intellektuellen: »Sehen Sie, daß jemand sich gleichschaltete, weil er für Frau und Kind zu sorgen hatte, das hat nie ein Mensch übelgenommen. Das Schlimme war doch, daß die dann wirklich daran glaubten! Für kurze Zeit, manche für sehr kurze Zeit. Aber das heißt doch: Zu Hitler fiel ihnen etwas ein. Und zum Teil ungeheuer interessante Dinge! Ganz phantastisch interessante und komplizierte! Und hoch über dem gewöhnlichen Niveau schwebende Dinge! Das habe ich als grotesk empfunden. Sie gingen ihren eigenen Einfällen in die Falle, würde ich heute sagen.« Hannah Arendt, *Fernsehgespräch mit Günter Gaus*, S. 56 f.

71 Anspielung auf Arendts Arbeiten zu *The Life of the Mind*, dessen erste beide Teile »Thinking« und »Willing« sie 1973 bzw. 1974 als Gifford Lectures an der University of Aberdeen vortrug und die nach ihrem Tod von Mary McCarthy 1978 (dt. 1979) in Buchform herausgegeben wurden. Der geplante dritte Teil »Judging« blieb unvollendet. Materialien aus den Vorarbeiten wurden 1982 (dt. 1985) von Ronald Beiner unter dem Titel *Lectures on Kant's Political Philosophy* herausgege-

ben. In der Einleitung zum *Leben des Geistes* erklärt Arendt zum Beginn ihrer Beschäftigung mit der menschlichen Geistestätigkeit: »Der unmittelbare Anstoß ergab sich aus meiner Anwesenheit beim Eichmann-Prozeß in Jerusalem.« Angesichts von Eichmanns »Gedankenlosigkeit«, die im Unterschied zu Fanatismus, Sadismus oder strategischer Grausamkeit das beispiellos Neue, die »Banalität des Bösen« bei jenem Verbrechertypus ausmache, »drängte sich« Arendt »folgende Frage auf: Könnte vielleicht das Denken als solches – die Gewohnheit, alles zu untersuchen, was sich begibt oder die Aufmerksamkeit erregt, ohne Rücksicht auf die Ergebnisse und den speziellen Inhalt – zu den Bedingungen gehören, die die Menschen davon abhalten oder geradezu dagegen prädisponieren, Böses zu tun?«. Hannah Arendt, *Vom Leben des Geistes, Bd. 1 (Das Denken)*, S. 13 ff.

72 Den erwähnten Vortrag hielt Hannah Arendt auf einem Symposium, mit dem die Association of the Bar of the City of New York am 30. April und 1. Mai 1970 ihr hundertjähriges Bestehen feierte. Ihr Essay *Civil Disobedience* erschien zuerst im *New Yorker* vom 12. September 1970 und später in Arendts Essaysammlung *Crises of the Republic* (New York: Harcourt Brace Jovanovich, 1972, S. 49–102). Auf Deutsch wurde der Text erst 1986 unter dem Titel *Ziviler Ungehorsam*, übersetzt von Eike Geisel, veröffentlicht in: *Zur Zeit. Politische Essays*, hg. von Marie Luise Knott, Berlin 1986, S. 119–159.

Brief Nr. 11

J. F. an H. A. (5. Januar 1971)

3 Blatt maschinenschriftlich, Original mit handschriftlicher Unterschrift »Ihr Joachim Fest«; Absenderanschrift (Briefpapier-Vordruck): Joachim C. Fest, 2 Hamburg 52- Kleinflottbek, Holztwiete 6 A; keine Empfängeranschrift; Quelle: Hannah Arendt Papers (General Correspondence, Fest, Joachim, 1964–74) LOC-006051-53; online als »images 19–21« abrufbar

73 »Unbeantwortbaren Fragen« sah Speer sich ungern ausgesetzt, sodass Fest Aspekte des Unbeantworteten seiner Beschäftigung und Zusammenarbeit mit Speer später als Ge-

sprächsnotizen publizierte: Joachim Fest, *Die unbeantwortbaren Fragen*, u. a. S. 250

74 Vgl. Brief Nr. 10, Anmerkung 67.

75 Karl-Otto Saur (1902–1966), seit 1931 Mitglied der NSDAP, wurde 1942 Chef des Technischen Amtes in Speers Rüstungsministerium und 1944 Stabschef in Speers Rüstungsstab. In Hitlers Testament war Saur als neuer Rüstungsminister und Nachfolger Speers vorgesehen. Nach US-Kriegsgefangenschaft trat Saur als Zeuge der Anklage beim Nürnberger Krupp-Prozess auf, wurde im Entnazifizierungsverfahren als Mitläufer eingestuft und wenig später entlassen. 1949 gründete er ein Ingenieurbüro, das u. a. Nachschlagewerke verlegte und aus dem später der Saur-Verlag München hervorging. Vgl. Ernst Klee, *Das Personenlexikon zum Dritten Reich. Wer war was vor und nach 1945?*, Frankfurt am Main 2003, S. 521, sowie Karl-Otto Saur jr. / Michael Saur, *Er stand in Hitlers Testament. Ein deutsches Familienerbe*, Berlin 2007.

Brief Nr. 12

H. A. an J. F. (11. Februar 1971)

1 Blatt maschinenschriftlich, Durchschlag ohne Unterschrift; ohne Absender- und Empfängeranschrift; Quelle: Hannah Arendt Papers (General Correspondence, Fest, Joachim, 1964–74) LOC-006054, als »image 22« online abrufbar

76 »Gedankenlosigkeit« stellte Arendt auch als besonderes Merkmal Adolf Eichmanns heraus. Dessen Unfähigkeit zu denken, das heißt »jemals eine Sache vom Gesichtspunkt des anderen her zu sehen« und sich so die Konsequenzen des eigenen Handelns vorzustellen, habe ihn erst dafür prädisponiert, »zu einem der größten Verbrecher jener Zeit zu werden. [...] Daß eine solche Realitätsferne und Gedankenlosigkeit in einem mehr Unheil anrichten kann als alle dem Menschen vielleicht innewohnenden bösen Triebe zusammengenommen, das war in der Tat die Lektion, die man in Jerusalem lernen konnte.« *Eichmann in Jerusalem*, S. 124 und S. 57.

77 Vgl. Brief Nr. 14.

78 Vgl. Brief Nr. 9, Anm. 62.

Brief Nr. 13
J. F. an H. A. (23. März 1971)
1 Blatt maschinenschriftlich, Original mit handschriftlicher Unterschrift »Joachim Fest«; Absenderanschrift wie Brief Nr. 11; keine Empfängeranschrift; Quelle: Hannah Arendt Papers (General Correspondence, Fest, Joachim, 1964–74) LOC-006049, als »image 23« online abrufbar

Brief Nr. 14
H. A. an J. F. (29. März 1971)
1 Blatt maschinenschriftlich; Kopie auf Rückseite von Brief Nr. 13; ohne Unterschrift; ohne Absender- und Empfängeranschrift; Quelle: Hannah Arendt Papers (General Correspondence, Fest, Joachim, 1964–74) LOC-006050, als »image 24« online abrufbar

79 In ihrem *Denktagebuch* (Heft XXVIII, 5) notiert Hannah Arendt die Stationen ihrer Europareise im April/Mai 1971, siehe dort S. 802 und zu den einzelnen Stationen die Anmerkung der Herausgeberinnen, S. 1154f. Am 11. Mai nahm Arendt, von Köln aus, an einem Gespräch des Düsseldorfer Bildungsforums zum Thema »In der zweiten Phase der demokratischen Revolution? Krisensymptome westlicher Demokratie – Ausgangsbeispiel USA« teil. Ihre Gesprächspartner waren Hans Dichgans, Arnold Gehlen, Werner Maihofer und Dolf Sternberger, [nicht autorisierte] Veröffentlichung des Tonbandprotokolls in *Gespräche mit Hannah Arendt*, hg. von Adelbert Reif, München/Zürich: Piper, 1976, S. 71–100.

Brief Nr. 15
J. F. an H. A. (15. April 1971)
1 Blatt maschinenschriftlich; Original mit handschriftlicher Unterschrift »Ihr Joachim Fest«; Absenderanschrift wie Brief Nr. 11; keine Empfängeranschrift; Quelle: Hannah Arendt Papers (General Correspondence, Fest, Joachim, 1964–74) LOC-006048, als »image 25« online abrufbar

80 Ob dieses Treffen stattfand, war nicht ermittelbar.

81 Rudolf Augstein (1923–2002) gründete 1947 das Nachrichten-

magazin *Der Spiegel* und blieb bis in sein Todesjahr dessen Herausgeber. – Gaus, vgl. Brief Nr. 9, Anm. 62. – Johannes Groß (1932–1999) war ab 1968 Chefredakteur und stellvertretender Intendant der Rundfunkstation *Deutsche Welle* und seit Mitte der 1970er-Jahre Chefredakteur bzw. Herausgeber der Zeitschrift *Capital*. – Siedler, vgl. Brief Nr. 10, Anm. 67. – Joachim Fests *Begegnungen. Über nahe und ferne Freunde*, widmet Augstein, Groß und Siedler (sowie Arendt) jeweils eigene Kapitel.

Brief Nr 16

J. F. an H. A. (1. Oktober 1973)

Handschriftlich auf Rückseite von Visitenkarte: »Joachim Fest / Hamburg-Kleinflottbek Holztwiete 6A«; Quelle: Hannah Arendt Papers (General Correspondence, Fest, Joachim, 1964–74) LOC ohne Blatt-Nr., als »images 26, 27« online abrufbar

82 Joachim C. Fest, *Hitler. Eine Biographie*, Frankfurt am Main/ Berlin/ Wien 1973. In das Arendt übersandte Exemplar – aufbewahrt von der »Hannah Arendt Collection« des Bard College – notierte der Autor die handschriftliche Widmung: »In aufrichtiger Verbundenheit / Ihr / Joachim C. Fest«.

83 Siehe Anmerkung 88 (Brief Nr. 17).

Brief Nr. 17 (mit Anlage)

H. A. an J. F. (18. Dezember 1973)

1 Blatt maschinenschriftlich, Durchschlag ohne Unterschrift; Absenderanschrift wie Brief Nr. 8; keine Empfängeranschrift; Anlage nicht bei dieser Korrespondenz; Quelle: Hannah Arendt Papers (General Correspondence, Fest, Joachim, 1964–74) LOC-006050 bzw. 006073, als »image 28« online abrufbar

84 In den Jahren 1973/1974 widmet sich Hannah Arendt fast ausschließlich ihrer Arbeit an *The Life of the Mind*. Vgl. auch Anmerkung 71 zu Brief Nr. 10.

85 Bertolt Brecht, *Der Aufstieg des Arturo Ui*, in: Ders., *Werke. Große Berliner und Frankfurter Ausgabe, Bd. 7 – Stücke 7*, hg. von Werner Hecht et al., Berlin/Frankfurt am Main: Aufbau und Suhrkamp, 1991, S. 7–115, hier S. 112.

86 Vgl. Bertolt Brecht, *Stücke IX – Stücke aus dem Exil: Vierter Band*, Frankfurt am Main 1957, S. 369f. – In Arendts Werk finden sich mehrfach Spuren ihrer Auseinandersetzung mit Brecht: Ein umfangreicher Essay untersucht Brechts Verhältnis zur Politik (zuerst in *Merkur* Heft 6/1969, S. 625–642; sodann in: Hannah Arendt, *Walter Benjamin – Bertolt Brecht. Zwei Essays*, München 1971, S. 63–107). Der englischen wie deutschen Ausgabe von *Eichmann in Jerusalem* hatte Arendt als Motto ein Zitat aus Brechts Gedicht *Deutschland* von 1933 vorangestellt: »O Deutschland, bleiche Mutter! / Wie sitzest du besudelt / Unter den Völkern. / Unter den Befleckten / Fällst du auf. [...] Hörend die Reden, die aus deinem Hause dringen, lacht man. Aber wer dich sieht, der greift nach dem Messer.«

87 Arendt versandte häufig Abschriften von Gottfried Kellers Gedicht »Die öffentlichen Verleumder«, von denen einige in ihrem Nachlass erhalten sind. Hier als Anlage zum Brief zitiert nach: Gottfried Keller, *Sämtliche Werke in sieben Bänden*, hg. von Thomas Böning, Gerhard Kaiser, Kai Kaufmann, Dominik Müller und Peter Villwock, Frankfurt am Main 1995, Bd. 1, Gedichte, S. 595–596.

88 Worin das Missverständnis bestand, ließ sich nicht ermitteln.

Literaturverzeichnis

Arendt, Hannah,
»Action and the Pursuit of Happiness«, in: Alois Dempf et. al. (Hg.), *Politische Ordnung und menschliche Existenz: Festgabe für Eric Voegelin zum 60. Geburtstag*, München: Beck, 1962, S. 1–16.

Arendt, Hannah,
Crises of the Republic, New York: Harcourt Brace Jovanovich, 1972.

Arendt, Hannah,
Das Urteilen: Texte zu Kants politischer Philosophie, hg. und mit einem Essay von Ronald Beiner, dt. von Ursula Ludz, München/Zürich: Piper, 1985.

Arendt, Hannah,
Denktagebuch 1950 bis 1973, hg. von Ursula Ludz und Ingeborg Nordmann in Zusammenarbeit mit dem Hannah-Arendt-Institut, Dresden, 2 Bde., München/Zürich: Piper, 2002.

Arendt, Hannah,
Eichmann in Jerusalem: Ein Bericht von der Banalität des Bösen, aus dem Amerikanischen von Brigitte Granzow, von der Autorin durchgesehene und ergänzte deutsche Ausgabe, München: Piper (piper paperback 35), 1964; 1986 Neuausgabe mit einem einleitenden Essay von Hans Mommsen; hier zitiert nach der 7. Aufl. (Serie Piper 308), Juni 1997. – Der Bericht erschien zunächst auf Englisch in fünf Teilen, und ohne Untertitel, in der Rubrik »A Reporter at Large« der Zeitschrift *The New Yorker*,

Nummern vom 16. Februar bis 16. März 1963; die deutsche Übersetzung erfolgte aufgrund der ersten amerikanischen Buchausgabe *Eichmann in Jerusalem: A Report on the Banality of Evil*, New York: Viking, 1963.

Arendt, Hannah,
Elemente und Ursprünge totaler Herrschaft (1955), hier zitiert nach der ungekürzten Taschenbuchausgabe, 5. Aufl., München/Zürich: Piper (Serie Piper 1032), 1996.

Arendt, Hannah,
Ich will verstehen: Selbstauskünfte zu Leben und Werk, mit einer vollständigen Bibliografie hg. von Ursula Ludz, München/Zürich: Piper, 3. Aufl. (Serie Piper 4591), April 2007.

Arendt, Hannah,
Menschen in finsteren Zeiten, hg. von Ursula Ludz, München/Zürich: Piper, 1989.

Arendt, Hannah,
»Personal Responsibility Under Dictatorship«, in: *The Listener*, 6. August 1964, S. 185–187, S. 205. Eine deutsche Fassung des ungekürzten Manuskripts jenes Vortrags erschien, übersetzt von Eike Geisel, unter dem Titel »Die persönliche Verantwortung in der Diktatur« in: Dies., *Israel, Palästina und der Antisemitismus: Aufsätze*, hg. von Eike Geisel und Klaus Bittermann, Berlin: Wagenbach (Taschenbuch 196), 1991, S. 7–38.

Arendt, Hannah,
»The Aftermath of Nazi-Rule: Report from Germany« (1950), dt. von Eike Geisel »Bericht aus Deutschland: Die Nachwirkungen des Nazi-Regimes«, in: Dies., *In der Gegenwart: Übungen im politischen Denken II*, hg. von Ursula Ludz, München/Zürich: Piper, 2000 (Serie Piper 2920), S. 38–63.

Arendt, Hannah,
Über das Böse. Aus dem Nachlaß hg. von Jerome Kohn, übersetzt von Ursula Ludz, mit einem Nachwort von Franziska Augstein, München/Zürich: Piper, 2006.

Arendt, Hannah,
Über die Revolution, München: Piper, 1963.

Arendt, Hannah,
Vom Leben des Geistes (hg. von Mary McCarthy, dt. von Hermann Vetter), 2 Bde., München/Zürich: Piper, 1979.
Arendt, Hannah,
Vor Antisemitismus ist man nur noch auf dem Monde sicher: Beiträge für die deutsch-jüdische Emigratenzeitung »Aufbau« 1941–1945, hg. von Marie Luise Knott, München/Zürich: Piper, 2000.
Arendt, Hannah,
Walter Benjamin – Bertolt Brecht. Zwei Essays, München/Zürich: Piper (Serie Piper 12), 1971; auch in: Dies., *Menschen in finsteren Zeiten*, S. 185–242 und S. 243–289.
Arendt, Hannah,
»Ziviler Ungehorsam«, dt. von Eike Geisel, in: Dies., *Zur Zeit: Politische Essays*, hg. von Marie Luise Knott, Berlin: Rotbuch 1986, S. 119–159; auch in: Dies., *In der Gegenwart: Übungen im politischen Denken II*, hg. von Ursula Ludz, München/Zürich: Piper, 2000 (Serie Piper 2920), S. 283–321.
Arendt, Hannah; Errera, Roger,
»Fernsehgespräch« (Oktober 1973), in: Dies., *Ich will verstehen*, S. 116–133.
Arendt, Hannah; Gaus, Günter,
»Was bleibt? Es bleibt die Muttersprache« (1964), hier zitiert nach »Fernsehgespräch mit Günter Gaus«, in: Arendt, *Ich will verstehen*, S. 46–72.
Arendt, Hannah; Jaspers, Karl,
Briefwechsel 1926–1969, hg. von Lotte Köhler und Hans Saner, München/Zürich: Piper, 1985, hier zitiert nach der Neuausgabe (Serie Piper 1757) 1993 als *Arendt-Jaspers-Briefwechsel*.
Arendt, Hannah; McCarthy, Mary,
Im Vertrauen: Briefwechsel 1949–1975, hg. und mit einer Einleitung von Carol Brightman, dt. von Ursula Ludz und Hans Moll, München/Zürich: Piper, 1995; hier zitiert als *Arendt-McCarthy-Briefwechsel*.
Arendt, Hannah; Naumann, Bernd,
»Introduction« zu Bernd Naumann, *Auschwitz: A Report on the Proceedings* […] (New York: Praeger, 1966), dt. von Eike

Geisel, Bernd Naumann, *Auschwitz: Bericht über die Strafsache Mulka u. a. vor dem Schwurgericht Frankfurt*, Berlin/Wien: Philo, 2004 (nur diese deutsche Ausgabe von Naumanns Dokumentation enthält Arendts Einleitung als Beigabe, S. 309–331).

Arendt, Hannah; Reif, Adelbert,
»Interview« (1970), in: Arendt, *Macht und Gewalt*, engl. von Gisela Uellenberg, 2., erw. Aufl., München/Zürich: Piper (Serie Piper 1), 1971, S. 107–133.

Arendt, Hannah; Scholem, Gershom,
Der Briefwechsel 1939–1964, hg. von Marie Luise Knott unter Mitarbeit von David Heredia, Berlin: Suhrkamp, 2010.

Arnsberg, Paul,
»War Eichmann ein Dämon?«, in: *Aus Politik und Zeitgeschichte*, B 45/64, 4. November 1964, S. 3–18.

Baumgart, Reinhard,
»Mit Mördern leben? Ein Nachwort zu Hannah Arendts Buch«, in: *Merkur*, Nr. 206/1965, S. 482–485, in der vorliegenden Ausgabe S. 146–154.

Bettelheim, Bruno,
The Informed Heart, Glencoe, Ill.: Free Press, 1960.

Brecht, Bertolt,
Der Aufstieg des Arturo Ui, in: Ders., *Werke. Große Berliner und Frankfurter Ausgabe: Bd. 7 – Stücke 7*, hg. von Werner Hecht et al., Berlin/Frankfurt am Main: Aufbau und Suhrkamp, 1991, S. 7–115.

Brecht, Bertolt,
Der gute Mensch von Sezuan, in: Ders., *Werke. Große Berliner und Frankfurter Ausgabe: Bd. 6 – Stücke 6*, hg. von Werner Hecht et al., Berlin/Frankfurt am Main: Aufbau und Suhrkamp, 1989, S. 175–281.

Cohen, Richard J.,
»A Generation's Response to Eichmann in Jerusalem«, in: *Hannah Arendt in Jerusalem*, hg. von Steven Aschheim, Berkeley u. a.: University of California Press, 2001, S. 253–277.

Cohen, Richard J.,
»Breaking the Code: Hannah Arendt's *Eichmann in Jerusalem* and the Public Polemic: Myth, Memory, and Historical Imagi-

nation«, in: *Michael: On the History of the Jews in the Diaspora* XIII, hg. von Dina Porat und Shlomo Simonsohn, Tel Aviv: The Diaspora Research Institute, 1993.

Council of Jews from Germany,
»Die Reaktion der Juden auf die Verfolgungen der Nazizeit«, in: *Nach dem Eichmannprozess*, S. 7–9, in der vorliegenden Ausgabe S. 109–111.

Die Kontroverse: Hannah Arendt, Eichmann und die Juden, München: Nymphenburger Verlagshandlung (Red. F. A. Krummacher), 1964.

Fest, Joachim C.,
Begegnungen: Über nahe und ferne Freunde, Reinbek bei Hamburg: Rowohlt, 2004.

Fest, Joachim C.
Das Gesicht des Dritten Reiches: Profile einer totalitären Herrschaft, München: Piper, 1963.
The Face of the Third Reich, engl. von Michael Bullock, London: Weidenfeld & Nicolson, 1970.

Fest, Joachim C.,
»Das Mädchen aus der Fremde: Hannah Arendt und das Leben auf lauter Zwischenstationen«, in: Ders., *Begegnungen*, S. 176–214.

Fest, Joachim C.,
Die unbeantwortbaren Fragen: Notizen über Gespräche mit Albert Speer zwischen Ende 1966 und 1981, Reinbek bei Hamburg: Rowohlt, 2005.

Fest, Joachim C.,
Hitler: Eine Biographie, Berlin: Propyläen, 1973.
Hitler: A Biography, engl. von Richard und Clara Winston, New York: A Helen and Kurt Wolff Book, 1974.

Fest, Joachim C.,
Speer: Eine Biographie, Berlin: Alexander Fest Verlag, 1999.

Gaus, Günter,
Widersprüche: Erinnerungen eines linken Konservativen, Berlin: Propyläen, 2004.

Grafton, Anthony,
»Arendt und Eichmann am Eßtisch«, in: *Hannah Arendt Re-*

visited: »Eichmann in Jerusalem« und die Folgen, hg. von Gary Smith, Frankfurt am Main: Suhrkamp (edition suhrkamp 2135), 2000, S. 57–77.

Gutman, Israel (Hg.),
Enzyklopädie des Holocaust: Die Verfolgung und Ermordung der europäischen Juden, 4 Bde., München/Zürich: Piper, 1998.

Hahn, Barbara; Knott, Marie Luise,
Hannah Arendt – Von den Dichtern erwarten wir Wahrheit, Berlin: Matthes & Seitz, Berlin, o. J. (2006).

Hilberg, Raul,
The Destruction of the European Jews, Chicago: Quadrangle Books, 1961.
Die Vernichtung der europäischen Juden, dt. von Christian Seeger u. a., Berlin: Olle & Wolter, 1982.

Holthusen, Hans Egon,
»Hannah Arendt, Eichmann und die Kritiker«, in: *Vierteljahrshefte für Zeitgeschichte*, Heft 2/1965, S. 178–190.

Jaspers, Karl,
Die Schuldfrage (1946), hier zitiert nach der Neuausgabe mit dem Untertitel *Zur politischen Haftung Deutschlands*, München/Zürich: Piper (Serie Piper, 698), 1987.

Jünger, Ernst,
Strahlungen, Tübingen: Heliopolis, 1945.

Kant, Immanuel,
Kritik der Urteilskraft ([2]1793), hier zitiert nach: Ders., *Werke in zehn Bänden*, hg. von Wilhelm Weischedel, Bd. 8, Darmstadt: Wissenschaftliche Buchgesellschaft, 1968.

Keller, Gottfried,
Sämtliche Werke in sieben Bänden, hg. von Thomas Böning, Gerhard Kaiser, Kai Kaufmann, Dominik Müller und Peter Villwock, Frankfurt am Main: Deutscher Klassiker Verlag, 1995.

Klee, Ernst,
Das Personenlexikon zum Dritten Reich. Wer war was vor und nach 1945?, Frankfurt am Main: S. Fischer, 2003.

Krüger, Horst,
Das zerbrochene Haus, München: Rütten und Loening, 1966.

Krüger, Horst,
»Im Labyrinth der Schuld: Ein Tag im Frankfurter Auschwitz-Prozeß«, in: *Der Monat 16* (1964) 188, S. 19–29.

Lang, Jochen von,
»Nachwort für einen Freund«, in: *Schuldig: Das Urteil gegen Adolf Eichmann*, hg. von Avner W. Less, Frankfurt am Main: Athenäum, 1987, S. 331–335.

Lichtheim, George,
»The Eichmann Trial« (Besprechung des Buches *The Capture and Trial of Adolf Eichmann* von Moishe Pearlman), in: *The New York Review of Books*, 26. September 1963, S. 6–8.

Löwenstein, Kurt,
»Um Ehre und Rettung: Die jüdische Führung in der Nazizeit«, in: *MB*, Nr. 14/15, 5. April 1963, S. 9–11.

Ludz, Ursula,
»›Ich konnte nicht denken und half‹: Anton Schmid, einer der ›Gerechten unter den Völkern‹, wurde geehrt«, in: *Hannah Arendt Newsletter*, Nr. 4, April 2001, S. 54 f.

Maier, Joseph,
»Was hat Hannah Arendt eigentlich gesagt?«, in: *Aufbau*, 20. Dezember 1963, S. 17 f.

Mann, Golo,
»Der verdrehte Eichmann«, in: *Die Kontroverse*, S. 190–198, in der vorliegenden Ausgabe S. 113–126.

McCarthy, Mary,
»Ein Dokument ethischer Verantwortung: Zu Hannah Arendts Bericht ›Eichmann in Jerusalem‹«, in: *Die Welt*, 10. Oktober 1964, Die Geistige Welt, S. III, in der vorliegenden Ausgabe S. 127–144.
»The Hue and Cry«, in: *Partisan Review*, Winter 1964, S. 82–94.

Müller, Ingo (Hg.),
Der Nürnberger Prozess: Die Anklagereden des Hauptanklagevertreters der Vereinigten Staaten von Amerika, Robert H. Jackson, Weinheim: Beltz Athenäum, 1995.

Mulisch, Harry,
Strafsache 40/61: Eine Reportage, Köln: DuMont Schauberg, 1963.

Musmanno, Michael A.,
»Man with an Unspotted Conscience: Adolf Eichmann's Role in the Nazi Mania Is Weighed in Hannah Arendt's New Book«, in: *The New York Times Book Review*, 19. Mai 1963, S. 1, S. 40 f.; dt.: »Der Mann mit dem unbefleckten Gewissen«, in: *Die Kontroverse*, S. 85–90.

Nach dem Eichmannprozess: Zu einer Kontroverse über die Haltung der Juden, hg. vom Council of Jews from Germany, London/Jerusalem/New York /Tel Aviv: Bitaon Publishing Co., 1963.

Naumann, Klaus,
»Sympathy for the Devil? Die Kontroverse um Hannah Arendts Prozessbericht ›Eichmann in Jerusalem‹«, in: *Mittelweg 36*, Februar/März 1994, S. 65–79.

The New Yorker,
»The Talk of the Town: Notes and Comment« (redaktionelle Stellungnahme zu Musmannos Kritik an *Eichmann in Jerusalem*), in: *The New Yorker*, 20. Juli 1963, S. 17.

Rabinbach, Anson,
»Hannah Arendt und die New Yorker Intellektuellen«, in: *Hannah Arendt Revisited: »Eichmann in Jerusalem« und die Folgen*, hg. von Gary Smith, Frankfurt am Main: Suhrkamp (edition suhrkamp 2135), 2000, S. 33–56.

Rabinbach, Anson,
»Eichmann in New York: The New York Intellectuals and the Hannah Arendt Controversy«, in: *October*, 108, Spring 2004, S. 97–111.

Reich-Ranicki, Marcel,
Mein Leben, Stuttgart: Deutsche Verlags-Anstalt, 1999.

Reich-Ranicki, Marcel,
»Wie ein kleiner Setzer in Polen über Adolf Hitler triumphierte« (Interview mit Stefan Aust und Frank Schirrmacher), in: *Frankfurter Allgemeine Zeitung*, 2. April 2005, S. 39.

Saur, Karl-Otto jr.; Saur, Michael,
Er stand in Hitlers Testament: Ein deutsches Familienerbe, Berlin: Econ, 2007.

Speer, Albert,
Erinnerungen, Berlin: Propyläen, 1969.

Inside the Third Reich: Memoirs, engl. von Clara und Richard Winston, Macmillan: New York, 1970.

Strecker, Reinhard-M. (Hg.),
Dr. Hans Globke: Aktenauszüge, Dokumente, Hamburg: Rütten & Loening, o. J. (1961).

Von der Lühe, Irmela, *Erika Mann: Eine Lebensgeschichte*, Reinbek bei Hamburg: Rowohlt (rororo 62535), 2009.

Wild, Thomas,
Nach dem Geschichtsbruch. Deutsche Schriftsteller um Hannah Arendt, Berlin : Matthes & Seitz, Berlin, 2009.

Wojak, Irmtrud (Hg.),
Auschwitz-Prozeß. 4 Ks 2/63. Frankfurt am Main, Köln: Snoeck, 2004.

Young-Bruehl, Elisabeth,
Hannah Arendt: Leben, Werk und Zeit, aus dem Amerikanischen von Hans Günter Holl, Frankfurt am Main: S. Fischer, 1986.

Siglen

DLA	Deutsches Literaturarchiv Marbach
LOC	Library of Congress, Washington, D.C. (USA)

Editorische Notiz

Die Rundfunksendung (S. 36–60) ist vermutlich der Zusammenschnitt eines längeren Gesprächs. Soweit bekannt, wurde sie nur einmal vom SWR in der Reihe »Das Thema« am 9. November 1964 ausgestrahlt. Die Herausgeber haben mit einer Sendekopie gearbeitet, die ihnen dankenswerterweise Hermann Bohlen zur Verfügung stellte. Die Transkription besorgte Anna Wiehl. Das Manuskript wurde durchgesehen, und es wurden minimale Veränderungen zum Zweck der Lesbarkeit vorgenommen. Eine erste Veröffentlichung erfolgte in der Internet-Zeitschrift *HannahArendt.net* (dort unter »Documents« in Nr. 3/2007). Für die vorliegende Ausgabe ist die Abschrift erneut überprüft und der Anmerkungsapparat (S. 168–178) neu gestaltet worden.

Die abgedruckten 17 Briefe (S. 61–106) stammen ausschließlich aus dem Nachlass von Hannah Arendt. Deren Provenienz ist im Anmerkungsteil (S. 179–195) jeweils am Beginn der Anmerkungen zu den einzelnen Briefen verzeichnet. Hinsichtlich der Rechtschreibung werden die Briefe wie vorgefunden abgedruckt.

U.L./T.W.